Impressum

EINFACH SPITZE
125 Jahre Ulmer Münsterturm

Verlag: Neue Pressegesellschaft mbH & Co. KG
Frauenstraße 77
89073 Ulm

Redaktion: Ingo Bergmann, Birgit Eberle, Rudi Kübler,
Frank Raddatz
Die Texte basieren zum Teil auf einer Serie, die zum Münsterturm-
jubiläum im Ulmer Lokalteil der SÜDWEST PRESSE und als
Multimedia-Projekt auf story.swp.de/muensterturm erschienen ist.

Übersetzung/Lektorat: Nancy Bailey/Jakob Resch

Gestaltung: Südwest Presse Media Service GmbH
www.mediaservice-ulm.de
Franziska Oblinger, Alen Pahic, Michael Zülzke

Titelfoto: © Ulf Schlüter

Druck: Schirmer Medien GmbH & Co. KG
Boschstraße 16
89079 Ulm

Erstauflage November 2015
ISBN 978-3-946269-00-7

EINFACH SPITZE

125 Jahre Ulmer Münsterturm

Vorwort

Im Zug vor der Einfahrt in den Ulmer Hauptbahnhof. Zwei Ulmer schauen zum Fenster hinaus, suchen den Blick zum Münster.

„Ond, stoht's no?"

„'s stoht no."

Dieser regelmäßig wiederkehrende Dialog ist so alt wie der Münsterturm, wie wir ihn kennen – also eigentlich gar nicht so alt. Denn erst vor 125 Jahren wurde aus dem dicksten Turm der höchste. Aus dem unvollendeten der vollendete. Als August von Beyer und seine Steinmetze am 31. Mai 1890 auf 161,53 Metern den Schlussstein setzen, ist der Turm und damit auch die Kirche 513 Jahre nach der Grundsteinlegung fertiggestellt.

EINFACH SPITZE. 125 Jahre Ulmer Münsterturm – das Buch zum Jubiläum fasst die Höhepunkte wie Münsterscanning, Klangfest oder auch Solar Equation in faszinierenden Fotos zusammen, erzählt Geschichte und Geschichten rund um den höchsten Kirchturm der Welt und lässt die Menschen hinter dem Ulmer Wahrzeichen greifbar werden. EINFACH SPITZE ist eine Hommage an den Münsterturm.

Und es ward Licht

Der Turm als Skulptur: das Münsterscanning

„Münsterscanning arbeitet mit dem Thema Licht und Architektur. Eine Idee, die auch der Gotik zu Grunde liegt. Durch die beweglichen Lichtquellen wird Licht zu Material, das die Architektur des Münsters mit modernen Mitteln erfahrbar macht", sagt der Lichtkünstler Joachim Fleischer über seine Installation, die aus der Ferne ihren Zauber entfaltet.

1. Januar 2015, 17.10 Uhr. Als die Lichtinstallation im oberen Drittel des Münsterturms zum ersten Mal erstrahlt, sind unter den weit über tausend Zuschauern auf dem feuchtkalten Münsterplatz auch zahlreiche enttäuschte Stimmen zu hören. „Ist das alles?" „Da hätten wir uns aber mehr erwartet." Doch womöglich sind viele dieser Kritiker schlichtweg mit einer falschen Erwartungshaltung gekommen oder haben das Spiel von Licht und Schatten nicht lange genug auf sich wirken lassen. Ein knalliges Event – genau das soll die 365 Tage dauernde Lichtinstallation „Münsterscanning" des Stuttgarter Lichtkünstlers Joachim Fleischer eben nicht sein. Fleischers Idee: den 161 Meter hohen Turm im 125. Jahr nach dessen Vollendung mit bewegten Lichtquellen abtasten und dieses Licht gewissermaßen von innen nach außen durch die transparente Turmspitze transportieren – in langsamem Tempo und als Spiel mit Konturen und Schatten. „Das hat etwas Meditatives", sagt der 54-jährige gebürtige Oberschwabe, der bereits mit Lichtinstallationen in Budapest, Reykjavik und Barcelona auf sich aufmerksam gemacht hat. Im Ulmer Fall habe er sich für weißes Licht entschieden, „weil es Objektivität garantiert". Dadurch werden Strukturen sichtbar, die sogar Münsterkennern bisher verborgen waren.

Dazu hatten Fleischer und ein 20-köpfiges Team aus Kletterern, Statikern und Helfern in 70 und 120 Metern Höhe 23 LED-Scheinwerfer und sechs Lichtschienen mit beweglichen 300 Watt-LED-Leuchten installiert. Was

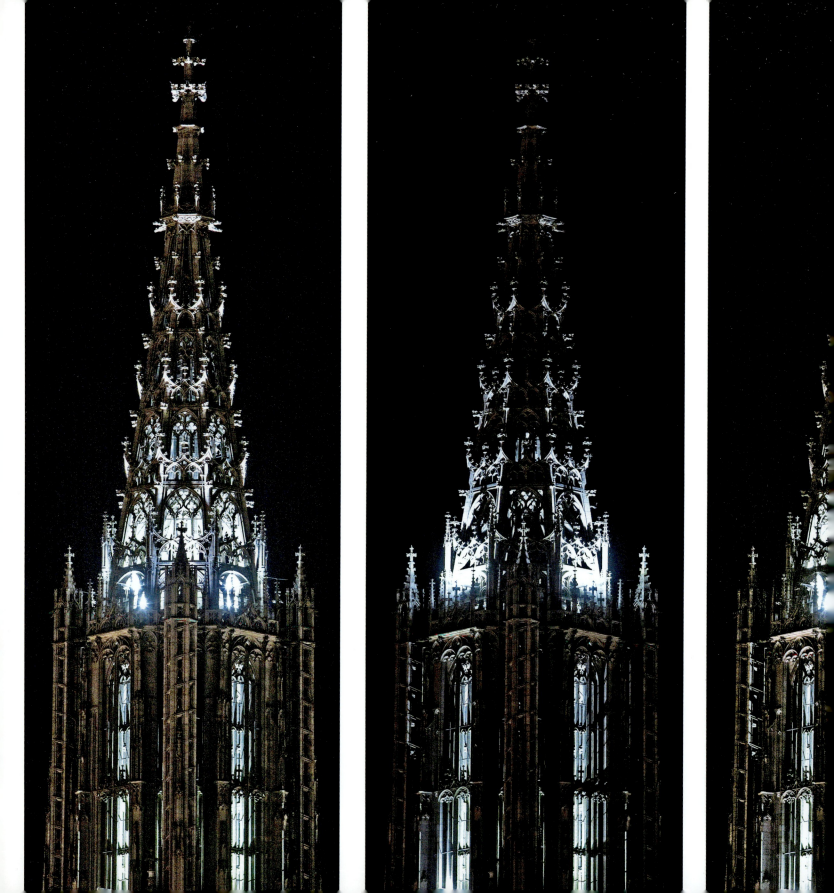

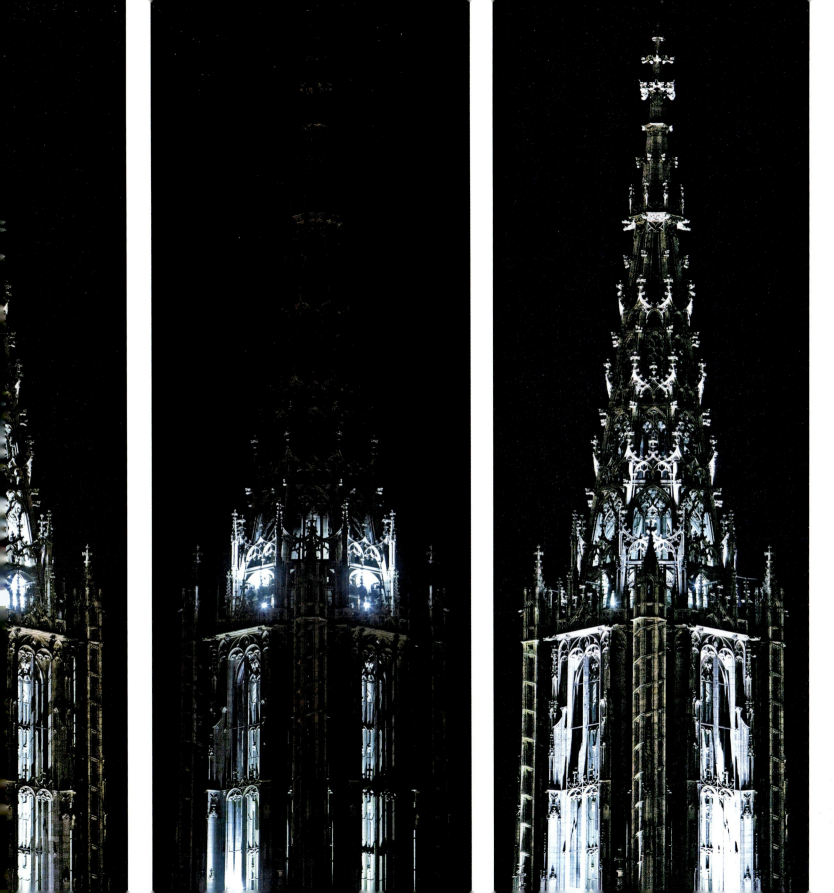

Die Installation gestaltete sich für Joachim Fleischer und seine Mitarbeiter, die teilweise in den Klettergurten hingen, um die Lichtschienen einzubauen, als äußerst schwierig. Auf dem Turm lag Schnee, und der eiskalte Wind pfiff durch die gotischen Ornamente.

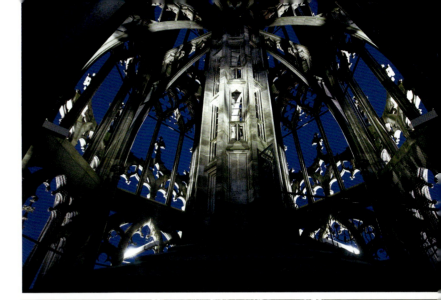

Wenn optisch dem Stein Leben eingehaucht wird: Das ständig wechselnde Spiel von Licht und Schatten hat auch vom Inneren des Turmes betrachtet eine faszinierende Wirkung.

nicht nur wegen des eisigen Windes und gefrierschrankähnlicher Temperaturen ein wirklicher Kraftakt war. Dazu lagen im unteren Bereich des Turmhelms bis zu 30 Zentimeter Schnee. Immer wieder mussten die Arbeiten aufgrund von starken Böen oder zu niedrigen Temperaturen unterbrochen werden. Einmal waren nur Fünf-Minuten-Schichten möglich, ein andermal mussten sich die Techniker die Hände gegenseitig mit einem Fön wärmen, um die Scheinwerfer richtig einstellen zu können. Selbst in der Silvesternacht, also Stunden vor der Premiere, waren Fleischer und seine Mitarbeiter noch im Einsatz: mit Taschenlampen und Grubenhelmen, um die letzten Kabel – es waren rund 100, die die ganze Installation miteinander verbanden und schließlich zum Leuchten brachten – zu verlegen.

Bei allem galt es auch, das denkmalgeschützte Münster mit Samthandschuhen anzufassen, um die Bausubstanz des über 600 Jahre alten Gotteshauses zu schonen. Löcher für Dübel bohren: unmöglich. Für den evangelischen Dekan Ernst-Wilhelm Gohl ist vor allem die Symbolik der Aktion bedeutsam: „Kirche dreht sich nicht um sich selbst, sondern sie strahlt aus", lautet seine Interpretation des „Münsterscannings".

Das Münster als Lebensaufgabe. Die Arbeit geht nicht aus – Generationen von Steinmetzen werden wie Dietmar Rudolf den gotischen Bau immer wieder erneuern.

Fiale für Fiale

Dietmar Rudolf arbeitet als Steinmetz in der Ulmer Münsterbauhütte

Dietmar Rudolf wusste schon mit zwölf Jahren, wo er später mal landen würde: in der Münsterbauhütte. Das Münster ist für den gebürtigen Ulmer mehr als ein Stück Heimat.

Als Rohblock wird der Stein aus dem Steigerwald an der Münsterbauhütte angeliefert: 120 auf 37,5 auf 37,5 Zentimeter misst der Quader. 300 Arbeitsstunden später rollt Dietmar Rudolf das fertige Werkstück auf den Hof: eine filigrane Fiale. Eine von hunderten dieser spitz zulaufenden Türmchen, die das Münster schmücken. Große und kleine, dekoriert mit gotischem Zierrat: Kreuzblumen und Krabben, wie man die aus Stein gemeißelten Blätter nennt.

Für den 48-jährigen Steinmetz ist das der entscheidende Moment: Von allen Seiten kann er jetzt sein Werk eingehend begutachten. Nicht dass er über die zweieinhalb Monate, die er an der Fiale gearbeitet hat, eine Beziehung zum Stein aufgebaut hätte. „Nein, das wird oft zu blumig dargestellt. Ich suche nicht nach dem tieferen Sinn im Stein." Die Vorgaben für die Steinmetze lassen auch keine Deutungen zu: Ihre Aufgabe besteht darin, originalgetreu und punktgenau zu arbeiten, „für uns gelten die Gesetze der Gotik". Die B-Note, die Note für den besonderen künstlerischen Ausdruck, ist nicht gefragt. Anders ausgedrückt: Wenn jede Steinmetz-Gene-

Die Wasserspeier belegen die filigrane Arbeit der Steinmetze. Auf den rohen Quadern werden zunächst die Ornamente skizziert, dann greifen die Steinbildhauer zu den Werkzeugen – Knüpfel und Handeisen kommen heutzutage allerdings selten zum Einsatz.

ration Pi mal Auge vorgeht „dann erkennt man das Münster als solches über die Jahrhunderte nicht mehr", sagt Rudolf. Jede neue Fiale soll der alten gleichen – bis aufs Haar. Gotik soll Gotik bleiben. Und das Münster das Münster. Punkt.

Wobei: Kunsthandwerk ist das schon, was Rudolf und seine Kollegen tagein, tagaus in der Bauhütte vollbringen. Ist die Romanik noch ziemlich tumb, so fordert die Gotik einiges ab von den Steinbildhauern, sagt der gebürtige Ulmer, der mit zwölf Jahren schon wusste, was er werden wollte: Steinmetz in der Ulmer Münsterbauhütte. Warum? Weil das Münster in der Stadt immer präsent ist. Weil die Messlatte für Steinmetze ganz oben liegt. Weil die schiere Größe des Münsters beeindruckt. Und nicht zuletzt, weil das Münster ein Stück Heimat ist. Unterm Strich: „Das Münster ist etwas Besonderes."

Gelernt hat Dietmar Rudolf das Steinmetz-Handwerk übrigens nicht in Ulm. Weil die Münsterbauhütte damals ihren Nachwuchs nicht selber ausgebildet hat, musste er einen mehrjährigen Umweg nehmen: unter anderem über die St. Georgs-Bauhütte in Nördlingen, wo er mit Knüpfel (Holzhammer), Handeisen (Meißel) und Flächen- oder Zahnbeil umzugehen gelernt hat. Arbeiten wie die Steinmetzen im Mittelalter. Warum denn das? Heute gibt es doch modernste Technik, CNC-Fräsen, die schneller und besser die Werkstücke aus dem Stein schneiden und sägen. Von wegen! „Wir haben das natürlich ausprobiert. Mit den Ergebnissen waren wir aber nicht sonderlich zufrieden", berichtet Rudolf von ersten Versuchen in der Münsterbauhütte. Wer hätte das gedacht? Mensch schlägt Maschine – um Längen, was die Präzision, was die Qualität angeht.

Dieses traditionelle Verständnis des Handwerks wird in der Münsterbauhütte von Generation zu Generation weitergegeben. Nicht von ungefähr spricht Rudolf von einem „Generationenvertrag" zwischen den Steinmetzen. Soll heißen: Die Erfahrung der Alten verbindet sich mit moderner Technik, die die Jungen in die Bauhütte einbringen. Im Sinne des Münsters, das die Jahrhunderte nur überdauert, wenn die Steinbildhauer ihr Handwerk verstehen – und natürlich auch das Bauwerk.

„Sind Sie ein Bauhüttenmensch?" hatte ihn der damalige Münsterbaumeister Gerhard Lorenz im Einstellungsgespräch gefragt. Rudolf bejahte. Er wusste, dass die Bauhütte keine Durchgangsstation ist. Wer hier einmal angefangen hat zu arbeiten, bleibt im Normalfall bis zur Rente, „das Münster ist eine Lebensaufgabe", sagt er heute, 21 Jahre nach seinem ersten Tag in der Münsterbauhütte. Damals hatte ihm der Stein noch einen „Riesen-Respekt" abgenötigt, „das geht jedem so. Mit der Zeit aber kennt man das Material und das Werkzeug. Und die Technik lernt man ja."

Dass die Arbeit nie ausgeht, dafür sorgt schon das Münster selber. Ist die eine Fiale fertiggestellt, folgt die nächste. Und noch eine ... Und jedes Mal, wenn Rudolf aus einem dieser rohen Quader ein filigranes Türmchen herausgearbeitet hat, stellt sich bei ihm eine gewisse Befriedigung ein. Das fertige Werkstück von unten aus bewundern zu können, „das ist der Lohn der Arbeit. Nicht ganz unwichtig ist für mich auch noch ein weiterer Aspekt: Ich arbeite nicht für einen Unternehmer. Ich arbeite für das Bauwerk, für das Münster."

Nur der Himmel ist das Limit

Fundstücke zur Münstergeschichte

513 Jahre vergingen, ehe am 31. Mai 1890 das Ulmer Münster vollendet werden konnte. Die gewaltige Baustelle sah Belagerungen und Kriege, Finanzknappheit und großen Reichtum, Katholizismus und Protestantismus. Auf einige historische Münsterfundstücke wollen wir einen genaueren Blick werfen.

Der Kampf gegen Kaiser Karl IV.

Das 14. Jahrhundert war geprägt durch das Ringen der Freien Reichsstädte und des Adels um die Vorherrschaft in Süddeutschland. Die Städte waren nicht gewillt, ihre mühsam erstrittene Unabhängigkeit aufzugeben, und waren dazu bereit, diese auch mit Waffengewalt zu verteidigen. 1372 endete die Auseinandersetzung in einem Blutbad auf einem Feld bei Altheim/Alb, und auf dem Alten Friedhof mussten mehr als 80 Ulmer Soldaten zu Grabe getragen werden. In dieser Zeit muss der Entschluss gefallen sein, die vor den Toren der Stadt gelegene Pfarrkirche „ennet Felds" in die sicheren Stadtmauern zu verlegen. Die drohende Kriegsgefahr war zwar nicht das einzige Argument für einen Neubau, aber doch ein gewichtiges.

Als die Kirche die Erlaubnis zur Verlegung im Frühjahr 1376 endlich erteilt hatte, verschlechterte sich die „außenpolitische" Lage erneut. 14 Städte hatten sich unter Führung Ulms zum Schwäbischen Städtebund zusammengeschlossen und die Huldigung des frisch gewählten König Wenzel verweigert. Die Wahl wollte dessen Vater, Kaiser Karl IV., auch durch Verpfändung einiger seiner Städte finanzieren. Deren Bündnis fasste er natürlich als

So hätte der Turmhelm nach den Entwürfen des Hans Kun (Baumeister von 1417 bis 1443) aussehen sollen. Der Karlsruher Wissenschaftler Dr. Julian Hanschke visualisierte den Entwurf in 3D.

Rebellion auf und verhängte die Reichsacht. Ulm, als Kopf des Bündnisses, war das logische Ziel seiner ersten Militäraktion. Der Kaiser wollte den Widerstand im Keim ersticken und schickte dazu nicht etwa einen Vertreter, sondern führte den Feldzug persönlich an. In seinem Gefolge befanden sich namhafte weltliche und geistliche Führer: sein Sohn, König Wenzel, Kurfürst Ruprecht I., Graf Eberhard von Württemberg sowie mehrere Erzbischöfe und Burggrafen. Das riesige Heerlager wurde bei Oberelchingen errichtet. Von dort verheerten die kaiserlichen Truppen das Ulmer Umland. Die Stadt erwiderte diesen Angriff durch nächtliche Plünderzüge in das Gebiet der Feinde. Nach einer Woche musste der Kaiser die Wirkungslosigkeit der Belagerung eingestehen und von dannen ziehen. Ein Ende der Kampfhandlungen stellte dies aber nicht dar. Es musste noch sehr viel Blut fließen, bis die Schlacht von Reutlingen am 21. Mai 1377 die Entscheidung erbrachte. Die Städte gingen als Sieger hervor, und die Reichsacht wurde aufgehoben. Im Zeichen dieses Sieges erfolgte vier Wochen später, am 30. Juni 1377, die feierliche Grundsteinlegung des Ulmer Münsters.

Sinnbildlich wurde Heinrich Parler die Last des Münsterbaus von Altbürgermeister Lutz Krafft und dessen Frau Elisabeth bei der Grundsteinlegung auf die Schultern gelegt. Die Schedelsche Weltchronik (1493) zeigt die Bauarbeiten im Detail.

Geld spielte keine Rolle

Der Entschluss war gefasst, die Genehmigung eingeholt und der Grundstein gelegt. Es konnte also gebaut werden. Doch wie ging man vor? Wie groß sollte die Kirche werden? Und wer sollte sie bauen? Die Frage nach der Größe ist am einfachsten zu beantworten, denn die neue Ulmer Pfarrkirche sollte alle bestehenden Kirchen in den Schatten stellen. Die erhaltenen Baurisse zeugen von diesen kühnen Plänen und auch davon, dass der Münsterturm sogar noch höher hinaufgeführt werden sollte, als er 1890 schließlich vollendet wurde. Die Kosten eines solchen gewaltigen Bauvorhabens scheinen dabei keine Rolle gespielt zu haben. Nach heutigen Berechnungen waren über die Jahre etwa fünf bis zehn Milliarden Euro notwendig. Geld, das seit Mitte des 14. Jahrhunderts durch den florierenden Barchenthandel in die Stadtkassen gespült wurde. Erst die vollen städtischen Kassen ermöglichten eine so gigantische Kirche: Nur der Himmel schien das Limit gewesen zu sein.

Die Gründerväter wussten, dass sie die Fertigstellung niemals erleben würden. Stattdessen gaben sie eine Generationenaufgabe in Auftrag. Man stelle sich vor, der Ulmer Gemeinderat würde heute ein Prestigeprojekt in dieser Größenordnung in Angriff nehmen. Ein Aufschrei wäre garantiert. Nicht so im Ulm des 14. Jahrhunderts. Versucht man die Beweggründe zu verstehen, hilft ein Blick ins Jetzt. Das Selbstbewusstsein, die Wirtschaftskraft und der Einfluss der Reichsstädte jener Zeit ähneln den heutigen Bedingungen in den Megastädten Asiens und des Persischen Golfes. Allen voran Dubai. Auch hier wachsen Türme in schwindelerregende Höhe. Auch hier lässt sich diese ungebrochene Zuversicht in die Zukunft feststellen. Nur so sind die atemberaubenden Bauten zu erklären, welche dieses eine Gefühl auszudrücken scheinen: Wir sind hier, wir bringen unsere Stadt voran und wir sind noch lange nicht fertig. Dieser schmale Grad zwischen Gestaltungswillen und Hybris ist auch für das mittelalterliche Ulm feststellbar. Wie ließe sich sonst ein so kühner Plan erklären, den höchsten Turm der Menschheit errichten zu wollen. Eine praktische Funktion hatte dieser nicht. Aber er sollte die Macht der Stadt unmissverständlich präsentieren.

Steine, Fachkräfte und Know-how

Neben dem politischen Willen und der nötigen Summe Kleingeld brauchte es vor allem Menschen. Köpfe der Unternehmung waren die Baumeister. Sie waren in ganz Europa gefragt, denn seit Aufkommen der Gotik wuchsen allerorten neue Gotteshäuser in die Höhe. Für den Ulmer Rat stand fest: Nur ein Spitzenarchitekt kommt in Frage. Gefunden wurde dieser im nahegelegenen Schwäbisch-Gmünd. Heinrich Parler, Mitglied einer internationalen Ruf genießenden Baumeisterfamilie, wurde vom dortigen „Heilig Kreuz"-Münster abgeworben und mit dem Bau des Ulmer Münsters beauftragt.

Das Wissen um den Kirchenbau war heißbegehrt und wurde innerhalb der Familiendynastien weitergegeben. Diese Clans waren meist an mehreren Bauwerken gleichzeitig beschäftigt. Forscherinnen und Forscher des Karlsruher Instituts für Technologie (KIT) haben ein weitverzweigtes Netz im mittelalterlichen Kirchenbau belegt. Wie die Bauhistorikerin Dr. Anne-Christine Brehm mit ihren Forschungen nachweist, steht das Münster in Verwandtschaft zum Prager und Mailänder Dom, dem Straßburger Münster und einer Vielzahl weiterer Kirchen. Dabei hatte jeder der Baumeister seine ganz eigenen Vorstellungen vom Ulmer Münster und dessen Hauptturm. Einige meterlange Entwürfe sind im Stadtarchiv Ulm erhalten geblieben.

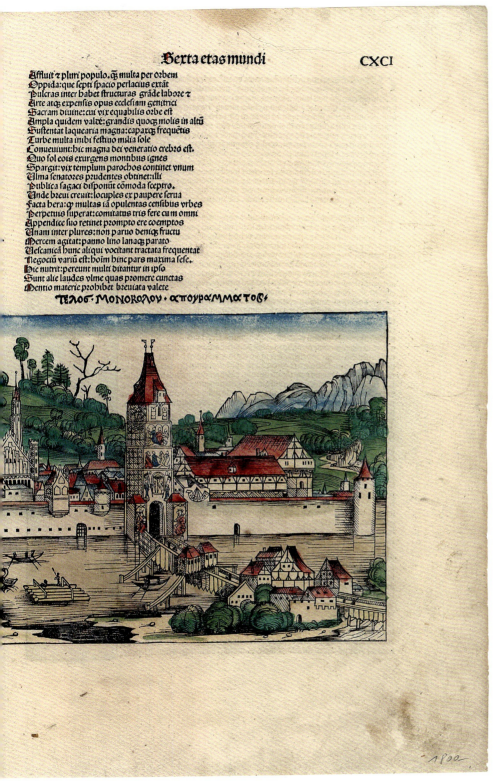

Auf der ältesten Ansicht Ulms, der Schedelschen Weltchronik, ist der Baufortschritt zu Beginn der Neuzeit zu erkennen.

Der Bau zog aber nicht nur Führungskräfte, sondern auch Steinmetze an. Auf der mittelalterlichen Großbaustelle waren über 100 Personen beschäftigt. Manche blieben nur für wenige Wochen und zogen dann zur nächsten Baustelle weiter. So verbreitete sich das Wissen über ganz Mitteleuropa. Das Team vom KIT hat in seinen Forschungen Steinmetze von Flandern bis Rumänien in Ulm nachweisen können. Die europäische Arbeitnehmerfreizügigkeit existierte demnach schon 600 Jahre vor der Europäischen Union – zumindest bei den Steinmetzen.

Ein Klopfen und Hämmern

Mit vereinten Kräften wurde der Münsterbau nach der Grundsteinlegung vorangetrieben. Es muss ein immerwährendes Klopfen, Hämmern und Ächzen zu hören gewesen sein. Wände und Säulen wuchsen nach und nach gen Himmel, und 28 Jahre nach der Grundsteinlegung war es dann soweit: Am 25. Juli 1405 konnte die provisorische Weihe des Chorraums, noch ohne Gewölbe, gefeiert werden. Der nächste Meilenstein wurde 1446 erreicht, als der Kirchenraum fertiggestellt wurde. Parallel zum Gewölbe führten die Bauleute den Westturm weiter nach oben. 1466 schließlich konnten die tonnenschweren Glocken in das vollendete Glockenhaus hinaufgezogen werden. Es schien alles nach Plan zu laufen.

Blick auf Ulm vor der Fertigstellung des Münsters. Die Feuerwehrleitern der Firma Magirus nehmen den noch gedrungenen Turm in die Mitte.

Panik im Gottesdienst

1492 wurde zum Schicksalsjahr für Ulm und das Münster. Während einer Mittagspredigt lösten sich Steinquader aus dem Turm und durchschlugen krachend das Gewölbe der Turmhalle. Unter den Gläubigen verbreitete sich Panik. Die Unsicherheit in der Stadt war groß, das Vertrauen in den Baumeister Matthäus Böblinger erschüttert. Er musste die Baustelle verlassen. Eiligst wurde eine Kommission aus 28 angesehenen Baumeistern einberufen, um das weitere Vorgehen zu beratschlagen. Ein Teilnehmer der Konferenz war Burkhard Engelberg, Baumeister von St. Ulrich und Afra in Augsburg. Er wurde als neuer Münsterbaumeister angeworben und leitete umfangreiche Rettungsmaßnahmen ein. Die Kirchenschiffe und der Turm konnten stabilisiert und das Münster vor dem Einsturz bewahrt werden. Die herabstürzenden Steine können rückblickend als symbolisch für die weitere Geschichte der Stadt Ulm angesehen werden, denn das Jahr 1492 war mit der Entdeckung der Neuen Welt der Anfang vom Niedergang der Reichsstadt. Der Handel konzentrierte sich bald auf die Waren und Reichtümer Amerikas, und der Ulmer Barchent verlor an Bedeutung. Zwar verfiel Ulm nicht in plötzliche Armut, aber der ungeheure Reichtum gehörte der Vergangenheit an. Der Bauernkrieg von 1525 und die sich durchsetzende Reformation waren weitere Unsicherheitsfaktoren in der ersten Hälfte des 16. Jahrhunderts. Die Welt war ins Wanken geraten, und es galt vor allem den Status quo zu halten. Der Münsterbau blieb von diesen Entwicklungen nicht unberührt. Der seit 1493 ruhende Turmbau wurde 1521 ganz eingestellt. Der Bau des Münsters hatte an Priorität verloren. 1543 beendete der Gemeinderat per Federstrich den Bau, um „Kosten, Schimpf und Spott" zu verhindern.

Torso im Dämmerschlaf

Auf frühen Fotografien des 19. Jahrhunderts kann man noch erahnen, welche Anmutung vom unvollendeten Münster ausgegangen sein muss. Wie ein gewaltiger Torso stand es inmitten der niedrigen Wohnbebauung der Stadt. Wie die Stadt selbst, lag die Kirche

Ferdinand Thrän, erster Baumeister der Neuzeit (1857 bis 1870), stabilisierte das Kirchenschiff und bereitete die Vollendung vor.

in einem Dämmerschlaf. Aus diesem sollten beide erst im 19. Jahrhundert erwachen. Die aufkommende Industrialisierung schuf neue Chancen für die Wirtschaft und sprengte so manche Fessel der alten Zeit. Die Errichtung der Bundesfestung von 1842 bis 1859 und der Bau der Eisenbahn im Jahre 1850 führten zu einer neuen Blüte.

In diese von Aufbruchstimmung gekennzeichnete Zeit fällt auch der aufkeimende Wunsch, das unvollendete Münster nun endlich fertigzustellen. Genau wie in Köln hatte sich auch hier im Jahre 1841 ein Verein gegründet, um dieses Vorhaben voranzutreiben. Der „Verein für Kunst und Altertum in Ulm und Oberschwaben" wurde in den folgenden Jahren zur Triebfeder der Wiederaufnahme der Bauarbeiten. Aber was steckte hinter den landesweiten Bemühungen um die Fertigstellung der mittelalterlichen Baustellen? Der Leiter des Ulmer Stadtarchivs, Prof. Michael Wettengel, bringt es wie folgt auf den Punkt: „Bekanntlich war die Vollendung des Ulmer Münsters zwar eine besonders Aufsehen erregende und nach dem Kölner Dom auch die kostspieligste Baumaßnahme an einer gotischen Kirche im Deutschland des 19. Jahrhunderts, aber sie war keineswegs singulär. Einer Untersuchung zufolge wurden auf deutschem Gebiet zwischen 1800 und 1915 insgesamt etwa 180 mittelalterliche Kirchenbauten und Türme im gotischen Stil vollendet oder wiederhergestellt. Ulm lag also genau im Trend der Zeit. Die Hauptursache dafür bildete der romantische Zeitgeist, die mit ihm einhergehende Begeisterung für das Mittelalter im Allgemeinen und die Gotik im Speziellen."

Des Kaisers kalte Schulter

Bis zur Vollendung war jedoch noch ein steiniger Weg zu begehen. Stadtbaumeister Ferdinand Thrän wurde zum ersten Münsterbaumeister der Neuzeit ernannt. Rund 300 Jahre nach ihrer Schließung nahm die Münsterbauhütte ihre Arbeit wieder auf. Tagein, tagaus entlockten die Steinmetze dem Stein Streben, Maß- und Kunstwerke. Die Finanzierung des Unterfangens basierte wie im Mittelalter zu großen Teilen auf den

Das letzte Bauteil: Die Steinmetze der Münsterbauhütte präsentieren stolz die etwa 20 Tonnen schwere Kreuzblume, die die Turmspitze abschließt.

Geldern der Bürgerschaft. Wie Wettengel festgestellt hat, machten Spenden dabei nur einen kleinen Teil der Summe aus. Der weitaus größere Teil wurde durch die Münsterlotterie eingeworben. Die Verknüpfung eines Glücksspiels mit der gesamtgesellschaftlichen Aufgabe der Münstervollendung sollte sich sprichwörtlich als Goldgrube erweisen. Von den grob 4,6 Millionen Mark der Baukosten wurden 3,6 Millionen Mark, also 78 Prozent, durch die Lotterie eingespielt. Für Verdruss sorgte, dass die Ulmer Lotterie auf preußischem Gebiet bis 1881 verboten war, während die Lose der Kölner Dombaulotterie auch in Württemberg verkauft werden durften. Erst nach Vollendung des Kölner Doms ließ sich Kaiser Wilhelm I. erweichen und erlaubte die Ausweitung der Lotterie auf das preußische Gebiet.

Die Türme wachsen in den Himmel

Mit der gesicherten Finanzierung nahm die Fertigstellung des Münsters Form an. Das Strebewerk und die Chortürme standen zunächst im Fokus. Sie konnten 1877 und 1880 vollendet werden. Zur selben Zeit feierte man auch in Köln: Der Dom war vollendet. Dieses Ereignis muss auch die Ulmer beflügelt haben. Noch ein-

Kurz vor der Vollendung des Turmes: Wer oben auf dem wackligen Gerüst arbeitete, musste gute Nerven haben und schwindelfrei sein.

mal wurden Geld und Arbeitskraft mobilisiert, und mit einer Spitzenzahl von 126 Arbeitern wuchs der Hauptturm nach den Plänen Matthäus Böblingers Meter um Meter. Böblinger, einst noch schändlich davongejagt, erfuhr so fast 400 Jahre später eine eindrucksvolle Rehabilitation. Die Freude muss ungeheuer gewesen sein, als am 31. Mai 1890 nach 513 Jahren der Traum in Erfüllung ging und mit der 20 Tonnen schweren Kreuzblume der letzte noch fehlende Puzzlestein des Gesamtkunstwerks in den frühen Morgenstunden auf den Turm gesetzt wurde.

161,53 Meter misst seit nunmehr 125 Jahren der Westturm des Ulmer Münsters. Damit überflügelt er den Kölner Dom um vier Meter, der höchste Kirchturm der Welt steht seitdem an der Donau. Das eigentliche Vollendungsfest fand allerdings erst einen Monat nach Abschluss unter reger Beteiligung der Bevölkerung und unter Beisein des württembergischen Königshauses statt. König und Königin ließen es sich nicht nehmen, einen Monat später, am 29. und 30. Juni 1890, nach Ulm zu reisen. Der Stolz auf das Geleistete war enorm, zumal mit dem Ulmer Münster eine Bürgerkirche verwirklicht worden war.

Annähernd 100 000 Bomben fielen allein am 17. Dezember 1944 auf Ulm. Das Münster blieb verschont und thront über der fast vollständig zerstörten Innenstadt.

Das Wunder von Ulm

17. Dezember 1944 und 1. März 1945. Zwei Daten, die für die fast vollständige Zerstörung des historischen Ulms stehen. Spätestens jetzt hatte der Zweite Weltkrieg die Garnisonsstadt erreicht, und die Not und das Elend, die vom Deutschen Reich über Europa gebracht worden waren, kehrten in ihr Ursprungsland zurück. Augenzeugen berichten von den traumatischen Ereignissen. Unter die Trauer mischte sich aber in einem Punkt auch Freude: Als an den Tagen nach den Bombardierungen der Himmel graute, wanderte bei vielen Menschen der Blick Richtung Stadtmitte und dort erhob sich noch immer das Ulmer Münster – scheinbar unbeschädigt.

Bei genauerer Betrachtung zeigten sich jedoch auch am und im Münster zum Teil gravierende Schäden. Die neuzeitlichen Fenster waren durch den Druck der Explosionen unwiederbringlich verloren. Eine Brandbombe hatte den Chor durchschlagen und die Gewölberippen des zweiten und dritten Jochs zum Einstürzen gebracht.

Die herunterfallenden Steine hatten das wertvolle Chorgestühl erheblich beschädigt. Auch die Bauhütte selbst blieb nicht von Zerstörung und Tod verschont. Beim Dezemberangriff brannte sie komplett nieder, Baumeister Dr. Karl Friederich und sein Nachfolger waren bei Luftangriffen getötet worden.

Für die Bauhütte der Nachkriegszeit stand daher die Sicherung und Restaurierung im Mittelpunkt der Anstrengungen. Die Versorgungslage war denkbar schlecht, und so sahen sich die Männer einer Sisyphusaufgabe gegenüber. Jeder Riss musste geprüft und gegebenenfalls bearbeitet werden. Die ausgebauten Kunstschätze konnten erst nach und nach wieder eingebaut und die Schutzgerüste und Betonierungen im Innenraum entfernt werden. Es sollte noch bis zum 24. Dezember 1950 dauern, bis wieder ein Gottesdienst im Chorraum begangen werden konnte, und weitere sechs Jahre verstrichen, bis das Münstergeläut durch den Empfang von fünf neuen Glocken wieder vollständig war. Ein besonderer Freudentag für die Stadt.

Ja, es steht noch

Seit über 630 Jahren leben die Ulmer mit und um ihr Münster. Es ist zum Identifikationspunkt der gesamten Stadtgesellschaft, unabhängig der Glaubenszugehörigkeit oder Herkunft, geworden. In ihm spiegelt sich der Stolz auf die Stadt und die Heimatverbundenheit wider. Fotos vom gotischen Bauwerk in den sozialen Medien werden von ehemaligen Ulmern fast immer wehmütig kommentiert, und beinahe jeder kennt nach der Rückkehr aus dem Urlaub das Gefühl der Erleichterung: „Ja, es steht noch!"

Dazu beigetragen hat das Prädikat „Höchster Kirchturm der Welt", aber bestimmt viel mehr noch das Wissen, dass hier eine einzigartige Leistung über Jahrhunderte hinweg vollbracht worden ist. Daher muss es den Ulmern also wirklich nicht bange sein, wenn eines Tages in Barcelona ein höherer Turm stehen sollte. Oder um es in den Worten der Kölner zu sagen, die vor 125 Jahren übertrumpft wurden: „Mer muss och jünne könne."

Ulmer Münster
161 m

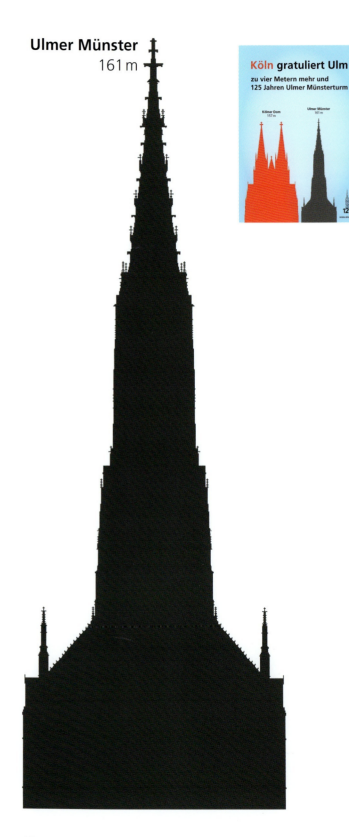

Glückwunsch: Vier Meter mehr

Wie sich Ulm in Köln selber gratuliert

Jeder Ulmer weiß es: Das Ulmer Münster hat den höchsten Kirchturm der Welt. Leider nimmt dieses Wissen mit jedem Kilometer ab, den man sich von der Stadt entfernt. „Wie können wir das ändern?", war die Frage. Die Antwort darauf ist einfach: „Warum es nicht einmal mit Humor versuchen?" Mit dem Kommunikationsbüro Schindler hat die Stadt Ulm eine Kampagne für verschiedene Städte erarbeitet – unter anderem tauchte auf einem Entwurf der Schiefe Turm auf: „Pisa gratuliert Ulm". Letztendlich fiel die Wahl auf Köln und den Kölner Dom. „Köln gratuliert Ulm zu vier Metern mehr und 125 Jahren Ulmer Münsterturm", lautete der Slogan.

Auf 500 Plakaten und 21 000 Postkarten lachte der Vergleich den Kölnern entgegen. Die Aktion sorgte für großes Aufsehen, Artikel in allen Medien und so manches Schmunzeln. Auch Ralf Schnuis, Pressesprecher der Stadt Köln, gefällt die PR-Kampagne: „Dat find ich joot."

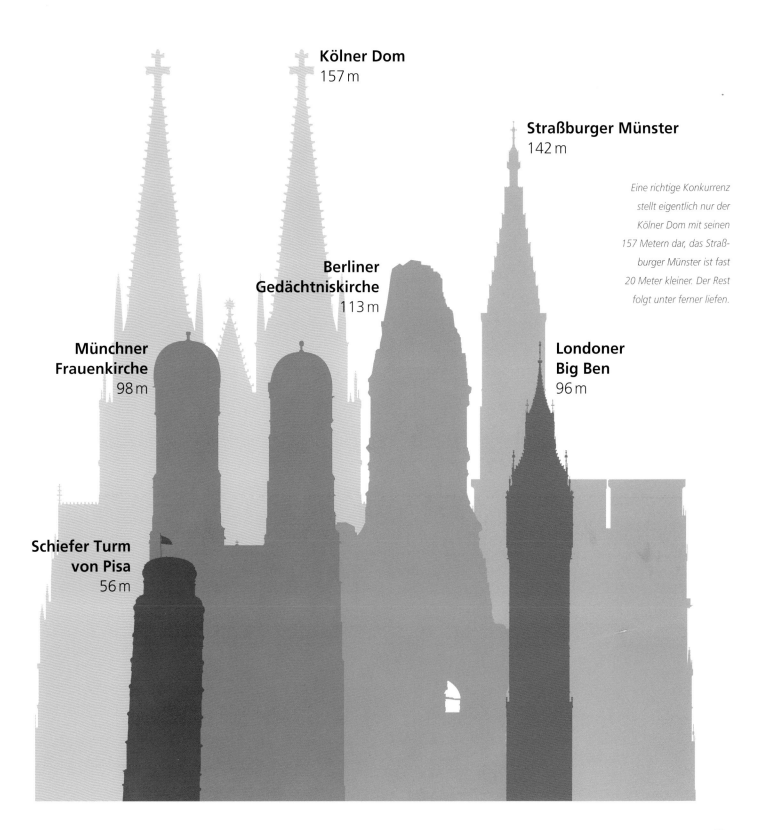

Der Münsterplatz als Sportplatz: Tausende von Zuschauern kommen, um ihre orangefarbenen Helden in Aktion zu sehen.

129:127

Open Air-Basketball: Der Gewinner ist die Bauhütte

Körbe für den Münsterturm: Die Bauhütte profitiert von jedem erzielten Punkt – am Ende spenden die Basketballer und ein Sponsor mehr als 10 000 Euro.

Was hat der Münsterplatz nicht schon alles gesehen. Ein Basketballspiel jedenfalls nicht! Das ändert sich Ende August, als die Spieler von Ratiopharm Ulm gegen den amtierenden Deutschen Meister Bamberg antreten. „Die Idee ist lange gereift, wir wollten schon immer mal etwas auf dem Platz machen", sagte Basketball-Geschäftsführer Andreas Oettel im Vorfeld. Den Münsterturm hatten Oettel und Co. im Jahr zuvor schon in Orange, der Clubfarbe der Basketballer, getaucht - zur Pokal-Endrunde hatte es ein ganzes Wochenende lang geheißen: „be orange".

Jetzt also ein Basketballspiel – unter freiem Himmel und für die Zuschauer aus einer ganz besonderen Perspektive. Denn das Spielfeld wird um etwas mehr als einen Meter höhergelegt. Elf Lastwagen liefern das Podest an, 150 Mitarbeiter sind nach dem Ende des Wochenmarkts mit dem Aufbau beschäftigt. 6000 Zuschauer kommen und sind begeistert – und am Ende gewinnen die Ulmer. Nicht nur die Basketballer mit 129:127. Sondern auch die Münsterbauhütte, die eine Spende in Höhe von 10 125 Euro erhält – von den Basketballern und deren Sponsor.

Was war der Münsterplatz in der Vergangenheit nicht alles: Aufmarschplatz fürs Militär, Haltestelle für die Tram, Parkplatz und Festplatz. Mit dem Bau des Stadthauses wurde der Münsterplatz zum Bürgerplatz. Foto rechts: der Blick auf 6000 Bläser beim Landesposaunentag.

Der Platz: das Herz

Wo sich Ulmer Stadtgeschichte widerspiegelt

„Erst wurden Paraden abgehalten, dann Autos abgestellt. Jetzt endlich wird er Nabel der Stadt. Ein Bürgerplatz." Mit diesen Worten sagte Gerhard Lorenz, damals Münsterbaumeister und eine Institution in der Stadt, im November 1993 zur Eröffnung des Stadthauses des amerikanischen Architekten Richard Meier die Zukunft des Münsterplatzes voraus. Der Platz vor dem höchsten Kirchturm der Welt, dem sich das Stadthaus zuwendet, war grundlegend umgestaltet worden. In einen Ort, der im Stadtzentrum alle denkbaren urbanen Nutzungen ermöglicht und auf dem sich Stadtgeschichte widerspiegelt.

Im Mittelalter war der Münsterplatz Kirchplatz und Kirchhof. Kirchplatz, weil sich vor dem unvollendeten Turm als Gebäudekomplex das Barfüßerkloster befand; Kirchhof und längere Zeit auch Friedhof, den am südlichen Münsterplatz bis zu seinem Abbruch 1807 der Ölberg prägte, ein steinerner Pavillon des gotischen Baumeisters Matthäus Böblinger (1450-1505).

Noch immer ist Ulm Sitz einer militärischen Einrichtung: des multinational besetzten Nato-Kommandos operative Führung. Ohne Zweifel aber hat der Garnisonsstandort seit dem politischen Wandel in Osteuropa an strategischem Rang eingebüßt. Den Militärs hatte der Münsterplatz regelmäßig für Paraden und Aufmärsche gedient. Auch den Nazis: Kurz nachdem Hitler an die Macht gekommen war, feierten tausende Ulmer am 20. April 1933 „Führers" Geburtstag.

In den 1920er Jahren erlebte Ulm nicht nur die Automobilisierung der Stadt. Auch das Straßenbahnnetz wurde ausgebaut. Es erreichte 1929 mit vier Linien und 13 Kilometern Länge seine größte Ausdehnung. Die Linie 3 kam vom Ostbahnhof her durch die Platzgasse, wo die Tram übern Münsterplatz fuhr. An dessen südwestlichem Ende stieß sie auf die Linie 2, die vom Ulmer Hauptbahnhof zum Neu-Ulmer Bahnhof führte. Nach der Kriegszerstörung wurde das Liniennetz zunächst wieder aufgebaut, dann aber – bis auf Linie 1 – zugunsten von Bussen aufgegeben. Der Münsterplatz diente ab Mitte der 1950er Jahre als Autoparkplatz in bester Lage.

Endlich vom Blech befreit

Selbst an Markttagen oder während der Wintermesse, der lärmenden Vorgängerin des durch den damaligen Oberbürgermeister Ernst Ludwig initiierten Weihnachtsmarktes, konnten Autofahrer ihre Pkw auf dem Münsterplatz abstellen. So lange, bis der Gemeinderat auf Drängen Ludwigs 1985 eben nicht nur einen Weihnachtsmarkt auf dem Münsterplatz beschloss, sondern auch, den Platz selber grundlegend neu zu gestalten. Als erstes wurde er vom Blech befreit. Über die Jahre hinweg ist der Münsterplatz aber Marktplatz geblieben. Der Eier- und Geflügelmarkt, dessen Standort zuvor auf dem Marktplatz hinterm Rathaus gewesen war, wurde nach dem Umbau des Münsterplatzes in den Obst- und Gemüsemarkt integriert. Ulmer Markttage sind traditionell Mittwoch und Samstag.

So verschieden die Nutzungsmöglichkeiten sind, so groß sind die Konflikte, die daraus resultieren. Was City-Bewohnern viel zu lange viel zu laut geht, kann Besuchern oft nicht lang genug dauern und laut genug sein. Alle Jahre wieder spitzt sich der Streitfall vor Schwörmontag zu. Dennoch ist nicht nur der alte Münsterbaumeister Lorenz überzeugt: Das Herz von Ulm schlägt auf dem Münsterplatz, wo Heimattage ebenso stattfinden wie Landesposaunentage oder deutsche Feuerwehrfeste.

Der Bürgerplatz als Marktplatz, als Schauplatz für Artisten und Autoshows, für den Jahreswechsel, für Kunstevents und Open Air-Konzerte am Schwörwochenende. Und wo sollte der Weihnachtsmarkt stattfinden, wenn nicht auf dem Münsterplatz?

Nur das Cityfest, das schon mal 60 000 Besucher auf die Beine brachte, ist vor Jahren gestorben – aus unerfindlichen Gründen. Der Münsterplatz war Schauplatz für Autoshows und Startplatz für Rallyes. Der Sport hat ihn für sich entdeckt, ob als Ort des Zieleinlaufs beim Einstein-Marathon, von deutschen Meisterschaften im Kugelstoßen oder für Basketball unter freiem Himmel. Immer am Schwörwochenende ist der Münsterplatz Showbühne für internationale Stars. Er hat Elton John, The Who und Pink gesehen. Auch standen auf ihm die Bühnen fürs „Klangfest@125", dem Ersatz für die abgeblasene Weltpremiere des „Ulmer Oratoriums".

Der Meier-Bau als Antwort auf das Münster

Den vielleicht größten Gefallen, den der Münsterplatz Ulm getan hat, war seine Neugestaltung mit dem Stadthaus. Es musste 1987 erst einem Bürgerentscheid standhalten, ehe es realisiert werden konnte. Damit ging eine mehr als 100 Jahre währende Debatte zu Ende, wie der Platz nach dem Abbruch des Barfüßerklosters gestaltet werden könnte. 1924 hatten nicht weniger als 478 deutsche Architekten Vorschläge gemacht. Darunter Berühmtheiten wie Richard Riemerschmid, Architekt der Kammerspiele München und der Ulmer Wieland-Villa in der Olgastraße. Sein Vorschlag, einen voluminösen Jugendstil-Komplex am südwestlichen Eck zu platzieren, ist nie ernsthaft in Erwägung gezogen worden. Anders 60 Jahre später Richard Meiers Stadthaus. Der aus der Kreisform heraus entwickelte, locker gegliederte und im Erdgeschoss durchlässige Baukörper, der elegant auf die architektonische Wucht des Münsters antwortet, hat nicht nur den Münsterplatz in Fassung gebracht. Er hat vor allem den Weg geöffnet für weitere entschiedene Neugestaltungen in der Innenstadt, von denen die Neue Mitte das sinnfälligste Beispiel ist. Und er hat Ulm einen Bürgerplatz beschert.

Wie recht Gerhard Lorenz doch hatte.

Büro in luftiger Höhe

Der Alltag des Türmers Florian Gumper

Im höheren Dienst arbeitet Florian Gumper. Um dort hinzukommen, brauchte der Turmwart keine Karriereleiter. Er muss täglich hunderte von Stufen bewältigen und liebt den Moment, wenn er allein oben steht und nach unten blickt.

Täglich 1500 Treppen hoch- und runtersteigen? Für einen Turmwart auf dem Ulmer Münster Alltag. Einer, der das seit fünf Jahren täglich macht, ist Florian Gumper. Durch eine kuriose Geschichte wurde er zum Turmwart: Bei einem Kneipenabend erzählte ihm ein Kumpel eine Geschichte über die Arbeit des damaligen Turmwarts. „Da war die Saat ausgebracht", sagt der 53-Jährige. Der Gedanke, auf dem höchsten Kirchturm der Welt zu arbeiten, ließ ihn nicht mehr los. Also wurde er Aushilfsturmwart; eine spezielle Ausbildung war nicht erforderlich. Unlängst ist er befördert worden: zum Hauptturmwart. Für Gumper eine Ehre: „Ich bin stolz, Türmer auf dem Münster zu sein, das ist etwas Besonderes."

Was sind seine Aufgaben? Morgens und abends steigt er auf das Achteck. Dort, ganz oben, sammelt er tote Vögel und abgebröckeltes Gestein auf. Dann stürmen schon die Besucher den Turm. „Man muss einfach da sein", sagt Gumper. Er er-

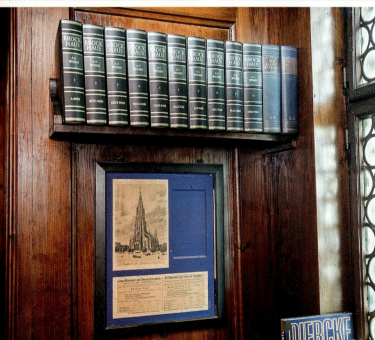

Merkblatt
für
Behandlung und Läuten der Glocken.

Ausgegeben vom Verein für christliche Kunst.

1. Das Glockenhaus soll stets sauber gehalten und der Fußboden außer den Oeffnungen der Seilführungen möglichst geschlossen sein, damit die Läutemannschaft durch etwaiges Brechen eines Klöppels u. ä. nicht gefährdet ist.
   Der Sicherheit halber soll das Läuten der Glocken, wenn irgend möglich nicht im Glockenstuhl selbst, sondern von einem der unteren Böden aus erfolgen.

2. Alle Befestigungsschrauben an den Glockenjochen, Bändern, Klöppelgehängen etc. müssen stets fest angezogen sein und jährlich einmal durchgesehen werden.

3. Ganz besonders ist darauf zu achten, daß der Ballen des Klöppels die Glocke an der stärksten Stelle, also unten am Schlagring, trifft. Zu tiefes Hängen der Klöppel ist sehr schädlich; es kommt insbesondere bei alten Klöppeln mit langer Lederschlaufe vor, die entsprechend gekürzt werden müssen.
   Zeigt sich bei alten Glocken eine sehr starke Abnützung der Anschlagstelle, so ist ein Drehen der Glocke notwendig.

4. Die Glocke sowie der Klöppel müssen genau lotrecht hängen, da sonst stets ein ungleich starker Klöppelanschlag erfolgt. Vielfach ist daran ein zu schweres Glockenseil schuld; es muß dann durch ein leichteres ersetzt werden. Man achte überhaupt darauf, daß die Seile zur Größe der Glocke im richtigen Verhältnis stehen.

5. Die Lagerung der Glocken ist in regelmäßigen Abständen zu schmieren. Offene Lager mit bestem, säurefreien Öl, Rollen- und Kugellager mit Kugellagerfett. Bei der jetzt vielfach verwendeten Kugellagerung genügt dies dreimal im Jahre.
   Die Lagerung darf beim Läuten nicht stoßen, da dies im Glockenstuhl sowie für den Turm schädlich ist.

6. Um der Zerstörung durch Rost vorzubeugen, sollten eiserne Glockenstühle und Eisenteile der Armaturen von Zeit zu Zeit mit bester Rostschutzfarbe neu gestrichen werden. Die angerosteten Teile sind zuvor sorgfältig abzubürsten.
   Ferner ist darauf zu achten, daß die Glocken immer wieder von anhaftenden Fettschichten und Vogelschmutz gereinigt werden, da sonst der Klang beeinträchtigt wird.

Läuten der Glocken.

Nie übermäßig hoch läuten! Die Glocke darf die wagrechte Stellung nicht überschreiten; dies vermindert die Tonschönheit und schadet den Glocken; doch ist so hoch zu läuten, daß der Klöppel beiderseitig gut anschlägt.
Das Ziehen am Seil muß stets erfolgen, wenn die Glocke angeschlagen hat und zurückzuschwingen beginnt. Der Aufwärtsschwung der Glocke ist also nicht zu hemmen.
Beim Ausläuten muß man die Glocken langsam ausschwingen lassen; plötzliches Anhängen an das Seil ist zu unterlassen, da dies Prellschläge ergibt, die für die Glocke sehr schädlich sind. Bei einem mehrstimmigen Geläute ist die Wirkung am schönsten, wenn die Glocken nicht gleichzeitig angezogen werden, sondern mit der kleinsten begonnen wird und dann die nächst größere. Beim Ausläuten läßt man vorteilhaft die größte zuletzt ausklingen.
Zeigen sich an der Glockenanlage größere Schäden, so ist es immer ratsam, den Glockengießer zu befragen.

mahnt diejenigen, die herumkrakeelen. Und ruft die zur Ordnung, die, wie auch schon geschehen, in die Ecke pinkeln. „Man ist ja in der Kirche, da sollte man schon etwas Respekt zeigen."

Wenn ein Turmwart nicht gerade Treppen steigt, sitzt er in seiner Turmstube, die sich auf der ersten Plattform auf 70 Metern Höhe, befindet. Hier hat es sich Gumper zur Aufgabe gemacht, alte Schränke zu durchforsten. Schränke, die seine Vorgänger über die Jahrzehnte füllten – mit alten Postkarten, Autoprospekten, Kleidern und Mützen bis hin zu Nacktbildern. Die Schränke haben einiges zu bieten. Kein Wunder, denn bis zum Zweiten Weltkrieg hatte der Turmwart auf dem Münster gelebt. Als Nachtwächter war es seine Aufgabe, bei Feuer in der Stadt oder einem feindlichen Angriff die Bürger Ulms zu warnen. Permanent auf dem Turm leben? Nein, sagt Gumper. „Ich brauche zwar meine Ruhe, aber so ein Eremit bin ich dann doch nicht."

Tatsächlich bringt das Leben auf dem Münsterturm einige Entbehrungen mit sich. Es gibt kein fließendes Wasser, auch kein stilles Örtchen – zumindest nicht mehr. Während die Turmwärter früher wenigstens eine Art Plumpsklo auf dem Turm hatten, gibt es diesen „Luxus" heute nicht mehr. Gumper kann zwischen zwei Möglichkeiten wählen: Entweder muss er nach jedem Kaffee runter- und wieder hochlaufen oder eine „Pieselflasche" benutzen. Gumper bevorzugt die zweite Variante.

Das Dasein als Turmwart hat auch etwas Einzigartiges: „Mein bester Moment am Tag ist, wenn ich morgens auf den Turm steige, alleine oben stehe und eine Viertelstunde auf meine Stadt blicken kann."

Die Türmerstube atmet Geschichte: Neben einer Läuteordnung von anno dazumal prangt eine gerahmte Lithografie. Und überhaupt, vielleicht ist das antike Türmer-Klo ja das kostbarste Exponat hoch über den Dächern der Stadt?

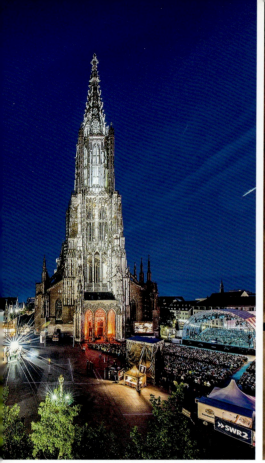

Über 400 Künstler auf drei Bühnen

Es ist: ein Fest in Ton und Bild. Auf drei Bühnen, mit über 250 Mikrofonen und 20 Kilometern an Kabeln, mit 60 000 Watt aus den Lautsprechern und 400 000 Watt, die die mehr als 400 Musikerinnen und Musiker ins richtige Licht setzen. Ulmer Philharmoniker, Junge Bläserphilharmonie, Ulmer Spatzen, Opernchor, Oratorienchor, Motettenchor, Kinderchöre und der Jugendchor der Münsterkantorei sowie Jürgen Grözingers Schlagzeugensemble, der Trompeter Joo Kraus und die Sängerin Fola Dada – sie alle geben dem Turm des Ulmer Wahrzeichens Ende Mai ein Geburtstagsständchen mit dem „Klangfest@125", dem Jubiläumskonzert, das zugleich eine Hommage der Stadtgesellschaft an ihre Bürgerkirche ist. Der Schauplatz: der Münsterplatz, der bei beiden Aufführungen proppenvoll war.

Elias statt Elia – wenn man so will. Der zyprische Komponist Marios Joannou Elia hatte seine Auftragskomposition nicht rechtzeitig geliefert. Kein einziger Takt soll auf dem Münsterplatz erklingen, wenigstens kein einziger Takt seines Werks, des „Ulmer Oratoriums". Stattdessen ein Ersatzprogramm, beginnend mit dem triumphalen Schlusschor aus dem Oratorium „Elias" von Felix Mendelssohn-Bartholdy. Das Stück „Alsdann wird euer Licht hervorbrechen wie die Morgenröte" hatte das Aufsetzen der Kreuzblume bei der Vollendung des Münsterturms am 31. Mai 1890 begleitet.

Aber, was heißt Ersatzprogramm? Münsterkantor Friedemann Johannes Wieland als musikalischer Leiter und Operndirektor Matthias Kaiser, verantwortlich für die Regie, konzipieren ein Festkonzert, das den musikalischen Bogen über die vergangenen 125 Jahre spannt:

Ergreifende Klänge in traumhafter nächtlicher Kulisse: Eine Stadt feiert ihr weltbekanntes Wahrzeichen mit Trommeln und Trompeten.

Jubel aus vollen Kehlen: Der Motettenchor, die Kinderchöre und der Jugendchor der Münsterkantorei, der Oratorienchor, der Opernchor und die Ulmer Spatzen geben alles.

von Klassikern über Raritäten bis hin zur Uraufführung des Werkes „Höher!". Die perkussive Komposition des Ulmers Jürgen Grözinger bildet, unter anderem den Wassermarsch aus dem Ulmer Fischerstechen zitierend, den Abschluss. Dazwischen die meditativen Streicherklänge von „Into a Heart of Light" des zeitgenössischen finnischen Komponisten Einojuhani Rautavaara, dem sich das Chorwerk „Der Turmbau" aus dem Kindermusical „Die ewige Baustelle" des Ulmer Komponisten Markus Munzer-Dorn anschließt. Werke von Lili Boulanger, Charles Ives und Etienne Crausaz folgen, letzteres dargeboten von der Jungen Bläserphilharmonie und überleitend ins Finale. „O Fortuna", die Schicksalsgöttin aus Carl Orffs „Carmina Burana", erklingt – und dann: „Schritt für Schritt", die Komposition des Ulmer Trompeters Joo Kraus, der mit der Sängerin Fola Dada den großen Traum, den Bau des Münsters, in Klang transponiert. Stein für Stein, respektive Ton für Ton, werden aufeinandergeschichtet, um die Vision vom Turm aller Türme Wirklichkeit werden zu lassen.

Der Star des Abends aber ist das Münster – wer sonst? Fast spielerisch übernehmen seine Glocken den Klangteppich des Orchesters und bereiten ein hochemotionales Finale – zwischen Sehnsucht und Weitblick.

Ob als Akteur auf der Bühne oder als Konzertbesucher im Publikum: Wer das Klangfest miterlebt, wird von der feierlichen Atmosphäre förmlich eingenommen. Der Blick von Oberbürgermeister Ivo Gönner spiegelt den Respekt gegenüber den Menschen wider, die das Jubiläumsfest zum Klingen gebracht haben.

Vom Läuten und Schlagen

Ein Besuch im Glockenstuhl auf 54 Metern Höhe

Die Große Betglocke (oben) trägt die Inschrift „ananisapta", vermutlich eine Abkürzung des Satzes „anathema baptisme Iohannis". Das bedeutet: Verflucht sei der Teufel durch die Taufe des Johannes. Rechts der renovierte Glockenstuhl.

Hellgrün angestrichen verschränken sich die Metallstreben auf dem steinernen Boden im Münsterturm, um zehn Meter weiter oben in einem eingezogenen Holzboden zu verschwinden. Hier im Glockenstuhl auf 54 Metern Höhe hängen 10 der insgesamt 13 Glocken des Münsters. An dem grünen Metallgerüst sind sie festgemacht, um den Ulmern die Uhrzeit zu schlagen oder gemeinsam festlich zu erklingen.

Noch eine Etage höher im unteren Oktogon, auf etwa 80 Metern Höhe, sind drei weitere Glocken angebracht, von denen die Ulmer aber nur noch eine zu hören bekommen – dafür aber in schöner Regelmäßigkeit: Die Schlagglocke schlägt den Ulmern seit mehr als 600 Jahren die Stunde. Ein schwerer Hammer zielt dabei auf den äußeren Rand der starr aufgehängten Glocke und entlockt ihr den Ton g^1. Hat der Hammer die Viertelstunden gezählt, legt die Dominica unten im Glockenstuhl nach und lässt die jeweilige Stundenzahl ertönen. Auf selber Höhe wie die Schlagglocke, die 1414 wohl als erste für das Münster gegossen wurde, hängen noch die Torglocke und das Henkersglöckchen. Die beiden schweigen. Sie sind nicht an die elektrische Läute-Maschine angeschlossen, die das Münstergeläut steuert. Dort oben sind die Glocken der Witterung ausgesetzt. Durch die Fenster kommen tierische Besucher in den sonst abgeschlossenen Teil des Turms und hinterlassen auf den Glocken ihre Spuren.

Sie hängen in etwa 80 Metern Höhe, also oberhalb des Glockenstuhls, und gehören nicht zum Vollgeläut: das Henkersglöckchen (links), die Schlagglocke und die Torglocke.

Im Glockenstuhl sind die Fenster mit Planen verkleidet, die ungebetene Gäste abhalten, aber den Schall durchlassen. Die zehn Glocken sind in drei Reihen am eisernen Gerüst befestigt

Der Glockenstuhl vibriert

Die Große Betglocke in der ersten Reihe ertönt zum Mittagsgebet. Wenn der 3,8 Tonnen schwere Bronze-Guss vom Läute-Automaten in Bewegung gesetzt wird, beginnt nicht nur die Glocke zu schwingen. Mit dem ersten tiefen Klang vibrieren auch das Gerüst und der Boden des Glockenstuhls. Mit ihren 561 Jahren gehört die Große Betglocke zum historischen Bestand des Münstergeläuts. Neben ihr hängt die älteste Glocke Ulms, die Schwörglocke. Sie erklingt nur einmal im Jahr – am Stadtfeiertag im Juli – und wird als einzige Glocke im Turm noch von Hand geläutet. Den Abschluss der ersten Reihe bildet die Leichenglocke. Sie ertönt zur Beerdigung eines Münstergemeindemitglieds.

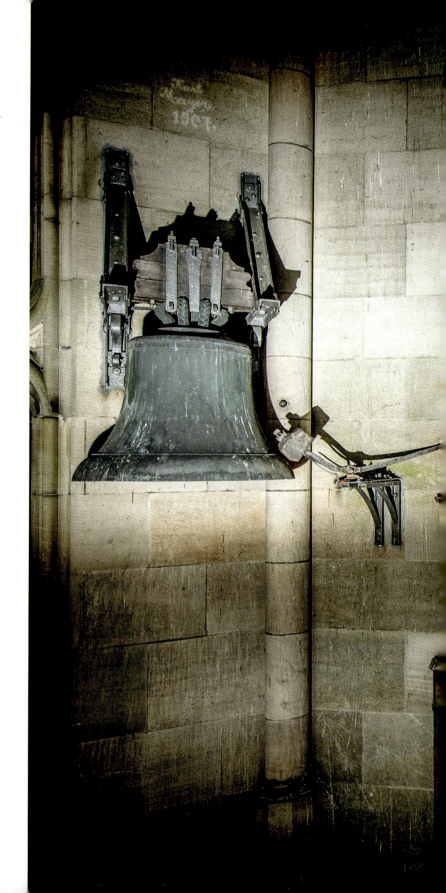

Es ist geschafft: Rechtzeitig vor Ostern 2009 können die Glocken in den nach der Sanierung wieder tragfähigen Glockenstuhl gehievt werden.

In der zweiten Reihe warten die zwei größten Exemplare der Münsterglocken auf ihren Einsatz: die Dominica und die Gloriosa. Erstere stiftete die Kirchengemeinde anlässlich der 400-Jahr-Feier der Reformation anno 1931, weshalb die auf b^0 gestimmte Glocke auch unter dem Namen Jubiläums- oder Reformationsglocke bekannt ist. Ihre Umschrift lautet: „Erhalt uns Herr bei deinem Wort."

Die Gloriosa wiegt knapp fünf Tonnen und ist mit ihrem Ton as^0 die tiefste im Münstergeläut und auch die schwerste – 199,5 Zentimeter beträgt ihr Durchmesser. Sie gehört zu den fünf jüngsten Glocken des Münstergeläuts. 1956 wurde sie in der Stuttgarter Gießerei Heinrich Kurtz gefertigt – als Ersatz für die Große As-Glocke, die ebenso wie die Kreuz-, die Tauf-, die Kleine Bet- und die Schiedglocke im Zweiten Weltkrieg eingeschmolzen wurde. Die Bronze-Glocken waren für die Rüstungsindustrie von großem Interesse. Die vier weiteren Glocken aus dem Jahr 1956 bilden gemeinsam mit der Landfeuerglocke aus der zweiten Hälfte des 14. Jahrhunderts die dritte Reihe im Glockenstuhl. Sie ist, wie die Schwörglocke, älter als das Münster.

Am Vollgeläut des Münsters wirken 9 der 13 Glocken mit. Die Ulmer können es regelmäßig an hohen kirchlichen Festtagen wie zur Christmette, am ersten Weihnachtsfeiertag, Ostersonntag und Pfingstsonntag hören. Glocken läuten auch immer am 17. Dezember ab 19.15 Uhr fünf Minuten lang in Erinnerung an den großen Bombenangriff von 1944, der mehr als 80 Prozent der Stadt in Schutt und Asche legte.

Gloriosa, 4912 kg, gegossen 1956
Die Gloriosa ist die größte und schwerste Glocke des Vollgeläuts.

Dominica, 4301 kg, gegossen 1931
Die Dominica, auch Reformationsglocke, ist die zweitgrößte Glocke.

Große Betglocke, 3800 kg, gegossen 1454
Sie gehört zum historischen Bestand und wurde im Oktober 1454 erstmals geläutet.

Leichenglocke, 1750 kg, gegossen 1678
Sie läutet, wenn ein Mitglied der Münstergemeinde beerdigt wird.

Kleine Betglocke, 1766 kg, 1956 gegossen
Sie ersetzt die 1942 eingeschmolzene Neue Elfuhrglocke.

Kreuzglocke, 1248 kg, 1956 gegossen
Sie ersetzt die im Zweiten Weltkrieg eingeschmolzene Glocke aus dem Jahr 1931.

Landfeuerglocke, 900 kg, 14. Jahrhundert
Sie schlug früher Alarm, wenn es außerhalb der Stadt brannte.

Taufglocke, 506 kg, 1956 gegossen
Ihr Ton entspricht der Kleinen Betglocke, die 1942 abgenommen wurde.

Schiedglocke, 345 kg, gegossen 1956
Ihr Ton ersetzt die Neue Torglocke, die im Zweiten Weltkrieg eingeschmolzen wurde.

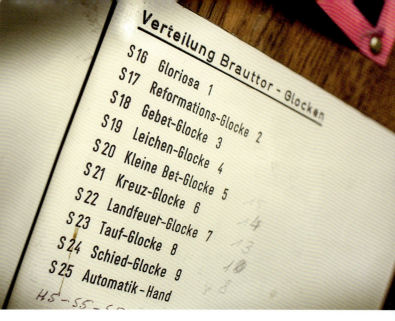

Der Herr der Glocken

Der Mesner und der Läute-Automat

9, 8, 7, 6, 4, 2 – das sind nicht die Lottozahlen. Sondern: Das ist die Läute-Ordnung für den Reformationssonntag. 6 aus 9 sozusagen. Neun Glocken hat Mesner Gert Kappler zur Verfügung – und die kann er läuten. Läuten, wie es ihm gerade passt? Nein, Gott behüte! Da ist die Läute-Ordnung vor, die präzise vorgibt, welche Münsterglocken zu welchem Anlass erklingen. Einzeln oder in der Gruppe. Zum Buß- und Bettag läuten nur vier, zum Erntedank sieben.

Gert Kappler (53) ist der Herr der Glocken. Wobei: Um den Stundenschlag hat er sich nicht zu kümmern, das macht der Automat, „das ist einprogrammiert". Und auch sonst ist das Läuten um einiges leichter als früher. Man stelle sich nur vor: Die Gloriosa, also die Nummer eins im Glockenstuhl des Ulmer Münsters, wiegt satte 4912 Kilogramm. Die Läutebuben hatten damals alle Hände voll zu tun, um allein die Gloriosa per Glockenseil in Schwingung zu versetzen. 1953 wurde umgestellt, der Automat ersetzte die Buben.

Nun, so ein Automat gibt optisch nicht viel her – weshalb er im so genannten Mesner-Verschlag untergebracht ist, versteckt im südlichen Schiff neben dem Brautportal. Dort wird auf geschätzten sechs Quadratmetern all das verstaut, was der Kirchenbesucher nicht unbedingt sehen soll: Feuerlöscher, Staubsauger, Mülleimer, eine Sackkarre. Was aber ein guter Mesner immer zur Hand haben sollte. Sämtliche Lichtschalter werden von hier aus bedient – und die Glocken: die Gloriosa (1), die Dominica oder Reformationsglocke (2), die große Betglocke (3), die Leichenglocke (4), die kleine Betglocke (5), die Kreuzglocke (6), die Landfeuer-Glocke (7), die Taufglocke (8) und die Schiedglocke (9).

Der Mesner-Verschlag neben dem Brautportal beherbergt hinter verschlossener Tür den Läute-Automat. Mesner Gert Kappler läutet die Glocken per Knopfdruck – und nur eine per Hand: die Schwörglocke (rechts).

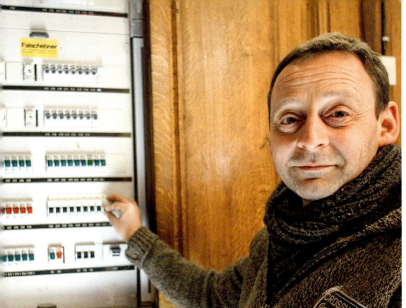

Wie lange geläutet wird? Ja, auch dafür gibt es Vorschriften, sagt der gelernte Siebdrucker, der in die Stelle hineinwuchs, nachdem vor zweieinhalb Jahren der alte Mesner das Handtuch geworfen hatte. Die Vorgaben der Evangelischen Landeskirche sind präzise, sehr präzise: Geläutet wird eine „halbe Viertelstunde", also siebeneinhalb Minuten. Na ja, sagt der Mesner, das klappt natürlich nicht immer ganz genau. Aber so lautet wenigstens das Klassenziel. Die kleinste Glocke schaltet er ein, beispielsweise beim Abendmahlgottesdienst an Gründonnerstag die 6, dann lässt Kappler zwölf Sekunden verstreichen, schaltet die 5 ein, wartet wieder zwölf Sekunden, dann kommt die 4 und so weiter. Wenn er bei der 1 angelangt ist, lässt er alle Glocken sechseinhalb Minuten lang läuten, ehe er eine nach der anderen wieder abschaltet. Auch wieder nach jeweils zwölf Sekunden.

War bislang von neun Glocken die Rede, so werden intime Kenner des Glockenstuhls sagen: stimmt nicht. In der Tat. Es gibt eine zehnte Glocke, für das Selbstverständnis der Reichsstädter ist sie die wichtigste: die Schwörglocke. Sie ist die einzige, die noch per Hand geläutet wird: am Schwörmontag. Für den Mesner eine „spannende Angelegenheit", denn ihm wird per Funk übermittelt, wann genau der OB seine Hand zum Schwur erhebt. Sekunden davor erhält er das Kommando „Anziehen!" Die Glocke muss schwingen, darf aber nicht läuten. Erst dann, wenn Old Schwurhand schwört, ertönt das Kommando „Läuten!"

Für Gerd Kappler erklangen am 11. September 2015 die Schiedglocke, die Landfeuerglocke, die Große Kreuzglocke und die Große Betglocke. Der Mesner war unerwartet gestorben. Die Münstergemeinde trauert um ihn.

Die Schwörglocke, 3500 kg, stammt aus der ersten Hälfte des 14. Jahrhunderts.

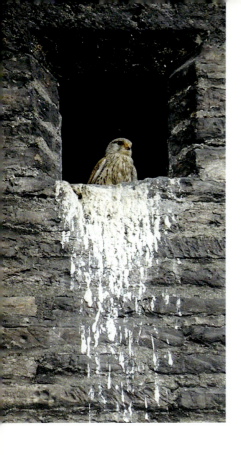

Das Stadtgebirge

Pflanzen und Tiere suchen sich auf dem Turm ihre Nischen

Das Münster als Biotop für Tiere und Pflanzen: Turmfalke und Zebraspringspinne, Wurmfarn (kleines Bild rechte Seite) und Kissenmoos beleben die alten Mauern.

Turmfalke, Steinmarder und Mauerpfeffer. Die Namen sagen es schon, wo diese Tiere und Pflanzen meist vorkommen – daher auch auf dem Münsterturm. „Genial, was hier oben alles wächst, aber die jungen Weiden und Birken reiße ich stets aus", sagt Jürgen Schnittker, seit fast 30 Jahren einer der Türmer. Er beseitigt die Bäumchen deshalb, weil ihr Wurzelflechtwerk sonst bis zu vier Meter tief in die Steinfugen eindringen würde – wie im Gebirge. Das kann Münsterbaumeister Michael Hilbert gar nicht brauchen. Ließe man die Schößlinge stehen, würden sie eines Tages mangels Nährstoffen zwar absterben. Aber die Wurzeln verrotten, und in den Kanal kann Regenwasser eindringen. „Im Winter gefriert das Wasser und führt zur Frostsprengung der äußeren Steinschichten", erklärt Hilbert.

Wo der Donzdorfer Sandstein abgesandet hat und sich das Substrat mit Feuchtigkeit vermischt, wachsen Pflanzen wie das Streifenfarngewächs Mauerraute, der stinkende Storchschnabel oder das Dickblattgewächs Weißer Mauerpfeffer, hat Pflanzenexpertin Almut Sattelberger vom Ulmer BUND bei einer Turmbesteigung ausgemacht.

Auf Moose aber, die derzeit auf den Steinbrüstungen nicht „blühen", sondern zur Vermehrung ihre Sporen reifen lassen, ist der Münsterbaumeister noch schlechter zu sprechen als auf die Bäumchen. Deshalb müssen die Turmwarte das Moos regelmäßig abkratzen. Hilbert erklärt warum: „Der Donzdorfer Sandstein ist so weich, dass er sich bei Nässe vollsaugt wie ein Schwamm." Moose und Flechten speichern ebenfalls Wasser und verhindern so, dass der Stein Wasserdampf abgeben kann. Folglich bleibt er feucht, was besonders in Frost-Tau-Perioden dazu führt, dass Steine auf- und dann auch abplatzen.

Flechten sind eine Lebensgemeinschaft aus Pilzen und Blaualgen und reagieren sehr empfindlich auf Luftverschmutzungen wie Autoabgase. Deshalb findet man auf dem Hauptturm vor allem die stickstoffliebenden Blatt- und Krustenflechten, sagt Dr. Hermann Muhle, Flechtenexperte an der Uni Ulm. Die paar Nährstoffe, die die Flechten benötigen, holen sie sich aus der Luft. Muhle hat „oben auf dem Obernkirchener Sandstein" sogar eine Nabelflechte und eine Landkartenflechte – grün mit schwarzen Rändern – kartiert. Der nächste Fundort sei erst wieder im Schwarzwald.

Turmwart Schnittker hat in 70 Metern Höhe schon Ameisen getroffen, was er beachtlich findet: „Die müssen ja hier mal aufgestiegen sein." Die schwarz-weiß gestreifte Zebraspringspinne ist ebenfalls die Mauern hochgekrabbelt. Beim Beutefang springt sie kleine Insekten an, daher der Name. Die Netze von großen Spinnen aller Art lässt Schnittker immer hängen, „weil die Tautropfen daran im Herbst so schön aussehen". Schmetterlinge gibt es keine, dafür aber „riesige Nachtfalter".

Findet der Turmwart junge Fledermäuse, die von der Decke gefallen sind, lässt er die Feuerwehr kommen. Die bringt das naturgeschützte und einzige fliegende Säugetier in eine Auffangstation. Kirchenmäuse gibt es im Turm keine, weil die Nahrung fehlt. Aber der nachtaktive Steinmarder kommt zum Taubenjagen ins Münster. Die Steinmetze haben dieses Raubtier zwar noch nie gesehen. Sie finden aber Kothaufen und Taubenköpfe.

Tauben gibt es genug. Deshalb sind alle Türme an jeder Luke vergittert. Die Tauben bringen mit dem Kot nicht nur Pflanzensamen nach oben, sondern auch Säuren, die den Sandstein angreifen. Deshalb räumt der Turmwart die Nester aus, „sofern ich drankomme". Und deshalb freut sich Hilbert, wenn der Wanderfalke von der Georgskirche rüberkommt und ein paar Tauben schlägt. Die Turmfalken, typische Felsbewohner, nisten zwar in Turmnischen, hat Ralf Schreiber, Biologe aus Neu-Ulm, beobachtet und fotografiert. Zur Mäuse- und Insektenjagd müssen sie aber an den Stadtrand fliegen. Dohlen und Mauersegler nisten ebenfalls auf dem Turm, was Schreiber begrüßt. Vor allem der Mauersegler findet kaum noch Nistmöglichkeiten, weil immer mehr Häuser energetisch saniert und dicht gemacht werden. Gott sei Dank gibt es den Münsterturm!

Auf die Plätze, fertig, los! Die ersten Meter sind noch ein Spaziergang. Die Wendeltreppe trennt die Spreu vom Weizen – und so mancher Starter hat nach 200 Stufen dicke Oberschenkel.

Schnell, schneller, Riedl

Weltrekordhalter aus Erlangen siegt beim Turmlauf

Lässt die Konkurrenz beim 5. Münsterturm-Lauf hinter sich: Christian Riedl aus Erlangen. Der 34-Jährige benötigt für die 560 Stufen lediglich 2:44,3 Minuten.

„Als ich ihn schnaufen hörte, habe ich mich an die Mauer gedrückt und ihn vorbeigelassen", sagt Dekan Ernst-Wilhelm-Gohl, erster Starter beim 5. Münsterturm-Lauf. Trotz eigener Anstrengung bei seinem insgesamt fünften Lauf – „es war schrecklich, Treppen laufen macht doch keiner" – beeindruckt ihn vor allem ein Mann: Startnummer zwei, Christian Riedl, Weltrekordhalter im 12-Stunden-Treppenlaufen, zieht sich in der höllisch engen Wendeltreppe an den jeweils folgenden Stufen quasi hoch.

Riedl nimmt 3,37 Stufen pro Sekunde. 560 Stufen sind es bis zum Ziel, dem zweiten Turmkranz, den er nach 2:44,3 Minuten erreicht. Der Zweitplatzierte Patrick Schäfer (Herbrechtingen) benötigt sechs Sekunden mehr. Riedl ist schneller als sämtliche Teilnehmer aller Ulmer Turmläufe zuvor. „Ich bin zum ersten Mal in Ulm und noch nie einen so alten Kirchturm hinaufgerannt", sagt der 34-Jährige, der das Empire State Building besser kennt. Und wie findet er die Skyline von Ulm? „Der Turm der Schapfenmühle reizt mich."

Wenn die Nacht anbricht ...

... leuchtet und lärmt die Stadt: Impressionen von oben

Fiiieep-fiiieep. Die Alarmanlage ist scharf, der Turmwart weg. Eines der letzten Abenteuer in Ulm kann beginnen: bis über die Geisterstunde hinaus die Nacht im Münsterhauptturm verbringen.

Fängt ja gut an: ein Mulmigsein irritiert schon gegen 19.30 Uhr – bei Taghelle, von Verkehrslärm unterlegtem Vogelgezwitscher und Kindergeschrei von unten. Ohne Turmtouristen stimmt hier oben etwas nicht, funkt das Unterbewusstsein. Und dann ist es da: das Gefühl, etwas Verbotenes zu tun. Allein im Turm des ehrwürdigen Münsters zu sein. Unvorstellbar. Ein Spatz lenkt ab. Er hat sich direkt vor dem Eingang zur Turmstube verflogen. Seine Stecknadelaugen bewegen sich nervös hin und her. Ein Drahtgitter versperrt ihm den Weg. Dahinter zieht ein Falke in Freiheit Kreise.

Man selbst fühlt sich auf dem Turm eher wie ein Adler. Der Adler in seinem Horst. Vor allem am obersten Kranz, wo es mindestens eine Fleece-Jacke kälter ist als unten und der Wind ordentlich von Osten pustet. Wie friedlich die Stadt in der Dämmerung doch unter einem liegt. Wie grün – und wie laut! Brrrrch, brrrch, schschschsch. Die Großstadtbrandung, ein Akustik-Mix aus Verkehrslärm und undefinierbarem Zischen, grummelt selbst auf 143 Metern. Oder sie grummelt gerade weil: Schall bahnt sich, wie die Physik lehrt, den Weg in die Höhe. Verblüffenderweise wollen auch Gerüche nach oben,

Ulm by night: Vom Turm aus ist die Stadt gar romantisch anzuschauen. Wenn es um die Akustik geht, kommt hoch oben in der Gotik aber wenig Romantik auf. Es dröhnt ordentlich von unten herauf.

lehrt die höhere Chemie auf dem Münster. Wieso sonst hat man im höchsten Kirchturm der Welt plötzlich den Mief von Pommesfett in der Nase?

Um 20.47 Uhr verabschiedet sich die Sonne hinter dem Eselsberg. Zeit, sich im mittleren Turmkranz das Münsterscanning exklusiv von innen anzuschauen. Frrrt-frrrt. Die Motoren der Lichtanlage surren, die LED-Leuchten zaubern einen faszinierenden Wechsel von Licht und Schatten in die Turmarchitektur. Mittendrin zu sein – ist einfach münsterspitzenmäßig.

Seit sich die Nacht über die Stadt gelegt hat, gleißt der Abendstern hell am Westhimmel. Auf der Erde dagegen haben die Ampeln Konkurrenz bekommen: von Leuchtreklame, Straßenlampen und Autoscheinwerfern. Ein echter Runtergucker sind die hellen Fenster der Züge, die sich langsam auf den Bahnhof zu- und wegbewegen. Und die Strahler in den Brunnen, die das Wasser grünlich-gespenstisch illuminieren. Ob diesen Anblick je ein Mensch aus dieser Höhe hat erleben dürfen? Ein zuckendes Blaulicht, das sich den Weg durch die Weststadt bahnt, verhindert, dass einem gar zu feierlich zumute wird.

Ausgerechnet neben der Polizeidirektion im Neuen Bau schmalztrieft Zufalls-Romantik: Ein gotisches Ornament bildet wie maßgemeißelt den Rahmen für eine scherenschnittartige Kussszene – vor dem Schaufenster eines Modeshops herzt sich ein Liebespaar.

Das Meditieren in die Kitsch-Lichtkulisse beflügelt die Gedanken. Was mag unter den Dächern der Stadt gerade alles vorgehen? 22 Uhr, und so wenig Licht in den Häusern? Ist die City wirklich fast unbewohnt oder liegen die Leute etwa schon alle in den Federn?

Um Mitternacht hat sich der städtische Grundlärm etwas gelegt. Jetzt dreht das Münster selbst auf: Die Schlagglocke legt zwölfmal vor, die tiefe Dominica echot hinterher. Im Vergleich zu diesem Forte nehmen sich die Schlägchen der Wanduhr in der Turmstube piano aus.

Dann ist der Schauer da. Das Licht des Scannings setzt die Fratze eines Wasserspeiers furchterregend in Szene. Und damit's vollends gruselig wird, fasst die Halt suchende Hand an der Sandsteinbrüstung auch noch in eine undefinierbare, zähe Masse. Taubendreck oder Geisterschleim? Jetzt schlägt's 13: Das komische Zeug ist ein Touristensouvenir. Ein riesiger Kaugummibollen.

Die Sonne geht auf

Kunstwerk „Solar Equation" fasziniert die Besucher

Neue Perspektive auf das Bauwerk

„Ich habe keine bestimmte Wirkung im Hinterkopf, die Menschen reagieren auf solch ein Werk oft überraschend." Rafael Lozano Hemmer stammt aus Mexiko, er lebt in Kanada. Seine Sonne, sechs Meter im Durchmesser, erstrahlt in vielen verschiedenen Farben.

„Der Turm ist etwas Endgültiges. Man kann nichts hinzufügen oder wegnehmen. Ich will temporär einen Kern oder ein Herz für den Turm schaffen – etwas Intimes, das in Interaktion mit den Menschen tritt. Wenn man etwas so Mächtiges wie die Sonne im Münster installieren kann, gibt uns das vielleicht auch eine neue Perspektive auf das wunderbare Bauwerk selbst, das für etwas Dauerhaftes, Symbolisches, fast könnte man sagen für die Unendlichkeit steht." Sagt Rafael Lozano Hemmer über sein Kunstwerk „Solar Equation", das zweifellos zu den Höhepunkten des Münsterturmjubiläums zählt. Der mexikanische Künstler lässt eine künstliche Sonne in der Turmhalle aufgehen – 200 Millionen Mal kleiner als der echte Stern.

Und die Münsterbesucher? Sie sind rundweg fasziniert von der Sonne, die sich alle paar Minuten in total veränderter Farbgebung und Dynamik darbietet. „Wir wollten ein interaktives Kunstwerk schaffen", erklärt Lozano Hemmer, der im Vorfeld intensiv mit Nasa-Wissenschaftlern zusammengearbeitet hat, um ein Verständnis für die Gleichungen und Funktionen, die die Phänomene auf der Sonne auslösen, zu entwickeln. Doch damit ist es nicht getan. Die Sonne des Künstlers hat vier Augen, vier Kameras, die die Leute beobachten. „Je nachdem, ob es viele oder wenige sind, ob sie im Uhrzeigersinn oder gegen den Uhrzeigersinn umhergehen, ob sie sich direkt unter dem Ballon befinden oder weit weg: Die Sonne reagiert auf Präsenz und Bewegung. So stellen wir sicher, dass keine zwei Menschen hier je dieselbe Erfahrung machen."

Was im Münster zu sehen ist? Keine Endlosschleife eines Videos, sondern eine Echtzeit-Simulation, die diese Gleichungen (daher auch der Name „Solar Equation" – Sonnengleichung) auf die Ballonhülle projiziert. Und im Hintergrund blubbert und raschelt es, ja, die Sonne ist auch zu hören.

Quelle der Inspiration

Lehmpfuhl, Morellet, Radl und Co.

Christopher Lehmpfuhl (Jahrgang 1972), Meisterschüler von Claus Fußmann, malt im Mai 2015 elf Bilder vom Ulmer Münster – wie immer mit den Händen.

Ob in Öl oder als Neon-Installation, ob als Radierung oder als Fotografie – seit mehr als fünf Jahrhunderten inspiriert der Münsterturm immer wieder aufs Neue die Künstler. Wir stellen auf den folgenden Seiten ein paar ganz unterschiedliche Ansätze vor.

30 Kilogramm Farbe auf der Leinwand

Keine Frage: Seine Bilder sind gewichtig. Bis zu 30 Kilogramm Ölfarbe bringt Christopher Lehmpfuhl auf die Leinwand – mit Händen und mit Fingern. Unmittelbarkeit und Authentizität sind ihm wichtig. Direkt an der Leinwand zu arbeiten, keinen Abstand zum entstehenden Werk zu haben, „da wird die Arbeit konkreter. Ich arbeite mit allen Sinnen", sagt der Berliner Künstler. Die Galerie Tobias Schrade im Ulmer Fischerviertel hatte den Künstler gewinnen können, in diesem Jahr aus Anlass des Münsterturm-Jubiläums nach Ulm zu kommen und in und um das Münster herum zu malen.

Nicht ohne mein Münster

Sein großes Motiv: das Ulmer Münster. Adolf Silberberger zeichnete es von allen Seiten und zu allen Tages- und Nachtzeiten – und hielt Veränderungen fest, denen selbst dieser Kirchenbau unterworfen ist. So in den 1990er Jahren, als das moderne Stadthaus als Kontrapunkt zum gotischen Münster gebaut wurde. Mit dem „abstrakten Glomp" konnte Silberberger nichts anfangen; der gebürtige Stuttgarter, der sein Atelier in der Walfischgasse hatte – die kleine Zeichnung entstand dort –, lebte fast vier Jahrzehnte in Ulm. Wie viele Zeichnungen er vom Münster fertigte? Man könnte schätzen, liegt damit aber sicherlich voll daneben.

Adolf Silberberger (1922-2005) studierte in Stuttgart und Paris, er war als freier Maler und Grafiker tätig. Seine Zeichnungen zieren die Titelseiten mehrerer Münster-Bücher.

Strahlt allabendlich auf den Platz vor der Kunsthalle Weishaupt: die Neon-Installation des französischen Minimalisten François Morellet.

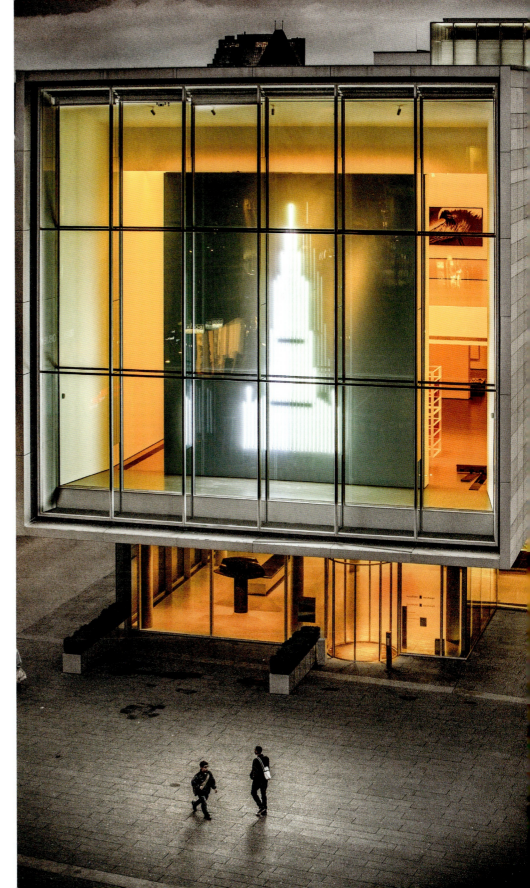

Silhouette aus weißen Neon-Röhren

Die mehr als acht Meter hohe Neon-Skulptur „Ulm Ultimate Cathedral" ist die größte Arbeit, die der erfolgreiche französische Konzeptkünstler François Morellet (Jahrgang 1926) je schuf. Sammler Siegfried Weishaupt hat anlässlich des Münster-Jubiläumsjahrs 2015 eine künstlerische Auseinandersetzung mit der welthöchsten gotischen Kirche bei ihm in Auftrag gegeben. Die Lichtinstallation aus 52 weißen Neonröhren, die die Kontur des nahen Münsters nachzeichnen, lässt allabendlich die Frontseite der Kunsthalle Weishaupt am Hans-und-Sophie-Scholl-Platz in der Neuen Mitte eindrucksvoll erstrahlen.

Der Anfang für Ralf Mildes Turmbau ist gemacht: Oberbürgermeister Ivo Gönner reicht ihm den ersten Plexiglaswürfel nach oben – versehen mit dem Foto des Stadtoberhaupts. Der zweite Würfel war für Dekan Ernst-Wilhelm Gohl reserviert.

Ralf Milde (Jahrgang 1954), Regisseur, Kunstschaffender und Stadtrat, macht immer wieder mit Aktionen von sich reden – unter anderem mit der Spatzeninvasion.

Wir sind Münsterturm

Eine Liebeserklärung an die Leute, die seit der Grundsteinlegung im Jahre 1377 am Ulmer Münster und seinem Turm bauen und die es heute noch tun – das ist Ralf Mildes Kunst-Aktion zum Münsterturm-Jubiläum. Der freie Kulturschaffende baute auf dem Judenhof, in Sichtweite östlich des Münsters, den Turm nach, im Maßstab 1:10 aus Alu-Rohren. Seine Intention dabei: dem Turm ein Gesicht geben. Oder genauer gesagt: viele Gesichter. Denn an den Stahlseilen, die zwischen den einzelnen Ebenen verspannt sind, hängen kleine Plexiglaswürfel mit Gesichtern von Ulmerinnen und Ulmern – weshalb sein Projekt den Titel „Wir sind Münsterturm" trägt.

Ralf Milde bearbeitet die Fotos, dann werden sie auf Folie gedruckt und in die Würfel geklebt. Der 61-Jährige hat dafür eine spezielle Falttechnik ausgetüftelt, so dass er die Kuben direkt an die Seile klemmen kann. Bis zu 30 000 Würfel könnte Milde in seinem „Wir sind Münsterturm"-Projekt unterbringen. Bei etwa 5000 kommt er „mit einer Null raus", sagt er zu seiner Kalkulation. Sein persönliches Ziel sind 12 000 Kuben: „Dann hätten wir zehn Prozent der Ulmer Bevölkerung auf unserem Turm – und knapp 20 000 Euro fürs Münster zusammen. Ich weiß schon, dass das sportlich ist."

Die Belegung eines Würfels kostet zehn Euro, von der Summe leitet Milde 1,61 Euro an das Münster oder vielmehr die Münsterbauhütte weiter, um den Unterhalt des Bauwerks zu unterstützen. Mit dem Rest bestreitet er seine eigenen Kosten, denn das Benefiz-Projekt finanziert er ganz ohne öffentliche Zuschüsse. Für jeden einzelnen Würfel händigt Ralf Milde ein durchlaufend nummeriertes Zertifikat aus, als Urkunde für den Paten. Und am Schluss bekommt jeder seinen Würfel zurück – als persönliches Andenken.

Links die etwas vergilbte Münsteransicht aus dem Jahr 1852 des Ulmer Fotografen Friedrich J. E. Radl. Der Kontrast dazu stammt von Volkmar Könneke, der die Münsterspitze ganz speziell in Szene setzte.

„Aufs Allerrascheste getreu"

Als Friedrich J. E. Radl Mitte des 19. Jahrhunderts nach Ulm kommt, ist die Fotografie noch jung – aber ein stark aufstrebendes Gewerbe. Sieben Fotografen hatten sich hier niedergelassen, keiner aber habe eine so „selbstbewusste Werbung" für sich betrieben wie Radl, schreibt Wolfgang Adler im Stadtarchiv-Band „Ulm im 19. Jahrhundert" über die Anfänge der Fotografie. Sein Ziel: Porträts in „beliebiger Größe aufs Allerrascheste getreu" zu kopieren. Radl schuf aber auch die älteste Ulmer Architekturaufnahme, die auf das Jahr 1852 datiert ist und natürlich das Münster zeigt. Frontal in seiner ganzen Wucht. Wie schreiben die „Schwäbische Kronik" und die „Schnellpost" über Radl? „Endlich haben unsere städtischen Baudenkmale auch ihren Fotografen gefunden."

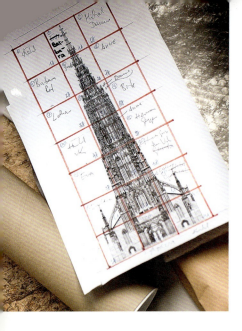

Memory oder Riesenpuzzle? Münsterporträt! Zehn Künstlerinnen und Künstler aus Ulm und Köln vor ihrem fast fertigen Gemeinschaftswerk. Links die Skizze für die zu bemalenden Quadrate.

Turm in 21 Teilen

Kunst aus Köln und Ulm: Frieder Nething initiiert ein Abbild der besonderen Art

Planer des 21-teiligen Münsterbildes: Architekt Frieder Nething machte die Menschen mobil, um den außergewöhnlichen Turmbau anno 2015 möglich zu machen.

125 Jahre nach Vollendung des Münsterhauptturms ist der Turm gleich nochmal vollendet worden – als Installation, die sich aus 21 großformatigen Bildern zusammensetzt. Zehn Künstlerinnen und Künstler aus Köln und Ulm haben die Idee von Frieder Nething, Architekt und Kunstliebhaber, umgesetzt. Das Spannende daran: Jede(r) arbeitete auf seine Art, so dass ein in seinem Facettenreichtum überaus reizvolles Gesamtkunstwerk entstand. Naturalistische und abstrakte Darstellungen – mal kraftvoll farbig, mal dezent gehalten – eröffnen eine neue Betrachtungsweise auf das gotische Ausnahmebauwerk, das für die Ulmer zur Alltagskulisse gehört.

Wie beim Münsterbau anno dazumal haben großzügige Spender ihren Geldbeutel geöffnet. Im Jubiläumsjahr waren es Patenschaften von Bürgern und Institutionen (auch von fern), die den Künstlerinnen und Künstlern die Arbeit an der Installation finanziert haben.

Eine Postkarte mit dem gerasterten Kölner Dom diente dem Jubiläumswerk als Vorbild. Rechts oben ein Quadrat, das der Ulmer Hermann Geyer gemalt hat.

Die Arbeit der Kölner Künstlerin Barbara Ruf setzt dem Münsterturm die Spitze auf.

Der Masterplan fürs Gemeinschaftskunstwerk basiert auf einem Raster: in der Breite reihen sich drei und in der Höhe sieben Elemente aneinander. Weil sieben mal drei einundzwanzig sind und zehn Künstlerinnen und Künstler das Münsterporträt mitgestalteten, war von Anfang an klar, dass eine(r) nicht nur zwei, sondern drei der 60 mal 60 Zentimeter großen Quadrate beisteuern wird. Vorbild für das an ein Memoryspiel erinnernde Kunstwerk war eine Aktion von Kölner Künstlern, die 2005 „ihren" Dom auf diese Weise abgebildet hatten.

Die Kölnerin Barbara Ruf, mit der Nething zuerst wegen des Projekts in Kontakt getreten war, übernahm den Job der Dreifach-Arbeit: Sie gestaltete die Quadrate 2, 4 und 16. Jeweils zwei Quadrate kamen von ihren Kölner Kollegen Anne Dahm-Puchalla, Gunda Kawel, Eva Volmer-Kopka sowie den Ulmern Michael Danner, Hermann Geyer, Birte Horn, Thomas Kahl, Lothar Seruset und Herbert Volz.

Sehr angenehmer Nebeneffekt der insgesamt 1,8 auf 4,2 Meter messenden Installation, die im September 2015 ins Münster wanderte: Der Verkaufserlös von Serigrafien der Arbeiten fließt in den Bauunterhalt des Ulmer Münsters.

Der Wein im Stein

Was das Münster so zusammenhält – Einflüsse und Einschüsse aus Söflingen, Frankreich und vom Bodensee

So viel steht fest: Beim Setzen des Schlusssteins für den Hauptturm des Ulmer Münsters am 31. Mai 1890 ist eine Pulle deutschen Schaumweins geköpft worden. Und damit 500 Jahre zurück auf eine abenteuerliche Münsterreise zwischen Geistlich- und Geselligkeit.

Ist es wahr, dass das Ulmer Münster seine Standfestigkeit bis auf den heutigen Tag den Söflingern zu verdanken hat? Naja, so geht die Legende. Die besagt, dass auch die Söflinger einst ihr Scherflein zum Bau des Münsters beitragen wollten. „Die wollten den Steinhauern was Gutes tut", erzählt Münsterbaumeister a. D. Gerhard Lorenz. Deswegen stifteten sie den Bauleuten in der Stadt von ihrem Wein, den sie auf den Hängen des Eselsbergs, den Söflinger Weinbergen, zogen. Das war zu dieser Zeit konfessionell absolut unverdächtig. Schließlich war es noch eine Ecke hin bis zur Einführung der Reformation in Ulm und alle, alle waren rein katholisch. Das Problem war ein anderes, wie Lorenz die Sage wiedergibt: „Der Wein war gottsallmächtig sauer." Und stieß den Steinmetzen derartig auf, dass sie den Rest nicht verkosteten, sondern in den Kalkmörtel für die Ziegelsteinmauern kippten, aus denen das eigentliche Gotteshaus besteht. „Das hat die Steine so zusammengezogen, dass der Bau bis heute hebt", wie Lorenz lustig schwäbelt: „Vielen Dank, Söflingen!" Eine genauere chemische Erklärung dafür hat er nicht; jedenfalls habe es eine größere Backsteinsanierung wegen Witterungs- und Umwelteinflüssen nie gegeben.

Doch da kippt Gudrun Litz einen Eimer Wasser in den Söflinger Wein. Im Stadtarchiv auf dem Weinhof ist sie die Fachfrau fürs Mittelalter. Als erste belegbare Quelle für die weinselige Geschichte gibt sie das 16. Jahrhundert an, aber Achtung: „Die bezieht sich auf den Michelsberg." Denn: „Der Eselsberger war der gute." Also

Der Patron der Winzer am südlichen Chorturm: Der Heilige Otmar trägt ein kleines Weinfass am Gürtel.

der Wein des Söflinger Klosters vom Eselsberg. Die Sage sei als Wettbewerb der Weine überliefert, der Michelsberg habe „in einem ganz schlechten Ruf" gestanden. Die Lagen dort hatten zu wenig Sonne, der Wein sei so schlecht gewesen, dass er nur zum Münsterbau taugte. Die Weingärtner-Bruderschaft vom Michelsberg machte denn auch später schlapp, zumal „dann das Bier aufkam". Während Söflingen zur Wein-Story kam.

Die Gewölbe unter der Valentinskapelle

Die Weinkönige von Ulm waren aber weder die Michelsberger noch die Söflinger, sondern die Bebenhausener, wie Gudrun Litz ein neues Fass aufmacht, die Mönche vom Kloster Bebenhausen. Sie beherrschten den Weinhandel in und von Ulm aus, sie hatten ihren Pfleghof seit Ende des 13. Jahrhunderts am Standort der heutigen Valentinskapelle – neben dem Münster, das dort aber erst 100 Jahre später emporwuchs. Die Gewölbe der Weinkeller sind noch heute da. „Sie hatten Weinlagen um Tübingen und Esslingen herum." Und das – steuerfreie – Geschäft in Ulm florierte. Das war den Ulmer Herren natürlich ein gewaltiger Dorn im Auge. Sie kauften dem Kloster den Pfleghof

Gerhard Lorenz, Münsterbaumeister a. D., zeigt eine der Flaschen, die bei der Schlusssteinlegung geleert wurden.

ab und ebneten ihn ein, um dann auf dem Weinhof den weit und breit größten Handelsplatz für Wein aufzubauen.

Das führt zurück zum Münster. Dort steht am südlichen Chorturm der heilige Otmar aus Stein, 2,25 Meter groß, seit 2008 in zweiter Kopie – dafür ist eigens Super-Auerkalk aus Kelheim an der Donau beschafft worden. Otmar ist die Wein-Ikone am Münster. „Er hat ein Weinfässchen am Gürtel", Symbol als Patron der Winzer. Als mächtigen Abt von St. Gallen hatten ihn die benachbarten Grafen auf dem Kieker und setzten ihn auf der Rheininsel Werd am Bodensee fest. Die Mitbrüder sicherten sich später seine Gebeine und überquerten damit den See, wobei ihr Weinfässchen nicht versiegte. Gudrun Litz: „Die Figur Otmars am Münster nimmt Bezug zum Bebenhauser Pfleghof." Mit Blick auf den Bodensee drängt sich auch eine Reminiszenz ans Kloster Reichenau auf: Es setzte in Ulm die Pfarrer ein, bevor sich die Stadt mit dem Münsterbau das Patronatsrecht holte. Alles stichhaltig. Denn sonst hat Otmar mit Ulm und dem Münster nichts zu tun.

Voller Saft und Kraft

Damit zurück zur Ehrenrettung der Söflinger, deren Weine tatsächlich so schlecht nicht sind, wie eine weitere Begebenheit erzählt. In den französischen Revolutionskriegen stand General Moreau vor Söflingen und wollte das Beste aus dem Ort herauspressen. Spargel, Rettich, Kraut waren ihm nicht genug, weshalb er den roten Zeitbeerwein aus Träuble kredenzt bekam, voller „Saft und Kraft", wie ihn das Heimatlied besingt. Moreau war zufrieden, und die Söflinger hatten ihr bis heute auch bei Ulmern beliebtes Zeitbeerfest. Das Weinfest auf dem Südlichen Münsterplatz, wie wir es kennen, ließ noch 200 Jahre auf sich warten.

Die Franzosen hinterließen dann ihre Spuren auch am Ulmer Münster. Das belegt eine Kanonenkugel, die Napoleon 1805 vielleicht vom Kienlesberg am Michelsberg auf den Kirchturm ballern ließ – welcher aber nicht wankte. Diese Kugel wird heute in der Turmstube beim Münsterwart verwahrt, wie Dekan Ernst-Wilhelm Gohl beglaubigt: „Vielleicht könnte man das bei Führungen mal öffentlich zugänglich machen."

Noch einmal wirkten die Franzosen auf das Ulmer Münster ein, und jetzt geht es schon um dessen Ausbau. Nach dem verlorenen deutsch-französischen Krieg 1870/71 hatten sie Reparationen zu leisten – auch in Form von Savonnière-Stein für das Münster. Und auch den verkraftete das Bauwerk. Dieser Kalkstein aus dem gleichnamigen Gebiet im französischen Lothringen ist im südlichen Chorturm verbaut, der 1880 fertiggestellt wurde. Münsterpfarrerin Tabea Frey: „Die Bauhütte ist nicht so glücklich mit dem Stein."

Schmalzkapelle nennt der Volksmund die Valentinskapelle – weil früher unten im Keller Schmalz und Wein gelagert wurden.

Zu weich, zu anfällig, verträgt sich auch nicht so gut mit dem Schlaitdorfer Sandstein und ist eigentlich mehr für die Herstellung von Skulpturen geeignet.

Am Hauptturm ist der Savonnière vorübergegangen. Dort ist er nicht verbaut, versichert Münsterbaumeister Michael Hilbert. Von Reparationsleistungen der Franzosen in Form von Bordeaux-Weinen oder dergleichen ist auch nichts überliefert. 500 Jahre nach dem Münsterbau ist für den Hauptturmbau mit Tabea Frey festzuhalten: „Dafür haben die Ulmer den Söflinger Wein dann nicht mehr gebraucht." Zumal beim Bau des welthöchsten Kirchturms unter den Steinmetzen und Kollegen längst das Bier in Massen floss, wie schon Gudrun Litz angedeutet hat. Bis zu 44 Brauereien gab es damals in der Stadt, geschuldet auch der Versorgung der Arbeiter für das andere Ulmer Monsterbauwerk, das damals entstand: die Bundesfestung. Aus der Brauerschwemme ging dann sogar ein Münsterbier hervor, das als eigenständige Ulmer Marke freilich inzwischen untergegangen ist. Anders als das Münster. So viel zum Wein im Stein.

Und die auf dem Münsterturm zur Vollendung am 31. Mai 1890 geöffnete Flasche Schaumwein? Ist noch da. Leer.

Wo bitte geht's zur Toilette?

Pförtnerin Rita Solt und die häufigste Frage der Touristen

Rita Solt sitzt seit elf Jahren an der Münsterpforte – kein Job wie jeder andere, sagt sie. „Das Münster ist nicht nur mein Arbeitsplatz. Hier verbringe ich mehr Zeit als Zuhause."

Rita Solt ist, wenn man so will, das Mädchen für alles. Abends, wenn sie die letzten Besucher aus dem Münster treibt, wird ihr die Belastung, der sie den lieben langen Tag ausgesetzt ist, erst so richtig bewusst. „Dann klingeln mir die Ohren, ich bin froh, dass mir zu Hause keiner ein Gespräch reindrückt." Denn: Die 62-Jährige sitzt an der Münsterpforte – und das seit elf Jahren. Was das heißt? Sie redet sich den ganzen Tag über den Mund fusselig, kassiert 5 oder ermäßigt 3,50 Euro für den Turmaufstieg („Kinder bis 7 Jahre sind frei"), verkauft Münster-Nippes, erklärt permanent, dass das Münster eine evangelische Kirche ist und beantwortet geduldig Fragen – auf Englisch, auf Französisch, auch ein paar italienische Brocken hat sie im Repertoire. Nur Mongolisch, da muss sie passen, „aber dann geht mit Händen und Füßen immer noch was". Die Zeichensprache wiederum hat den unschätzbaren Vorteil, dass sie die Geräuschkulisse, die von morgens bis abends am Eingang zum Kirchenschiff herrscht, nicht auch noch übertönen muss. „Vier Italiener hier drin, dann ist Schicht im Schacht."

Schacht ist ein gutes Stichwort: Im Winter ist es düster und kalt, der Wind pfeift durch die Eingangstür – und das Münster wirkt nicht nur eisgrau. Es ist: eisgrau. „Da muss man sich warme Gedanken machen und aufpassen, dass man nicht in eine Depression reinrutscht." Nicht zuletzt, weil natürlich während dieser Jahreszeit die Ansprache fehlt, weniger Besucher auf den Turm steigen oder die Kirche besichtigen wollen. Ja, Winter

ist Kontrastprogramm. Aber ganz gleich, ob draußen die Sonne scheint oder ein Schneesturm über den Platz fegt, „ich kann hier ja nicht miesepetrig herumsitzen. Das Münster ist nicht nur mein Arbeitsplatz, sondern hier verbringe ich mehr Zeit als Zuhause. Ich versuche, mein Leben mit dem Münster zu koordinieren."

Wenn es ihr zu laut ist – und das kann schon morgens um 9 Uhr sein, wenn die erste Schulklasse lärmend in die Pforte stürmt –, weiß sich Rita Solt mittlerweile zu wehren. Sie läutet eine kleine Glocke, die Ruhe ist dann zwar eine relative, weil sie nur ein paar Minuten anhält – aber immerhin. Ruhiger ist ihr Job, wenn sie den Mesner vertritt oder auch mal Schnellführungen durch die Kirchengeschichte gibt.

Wie bereits gesagt: Rita Solt ist das Mädchen für alles. Und das hat sie dem Automaten voraus, der am anderen Eingang seit neuestem Tickets für den Münsterturm auswirft. Gleichwertiger Ersatz für die Frau an der Pforte wird diese Maschine nie sein. Der Automat kann nur Tickets. Mehr nicht. Der Automat kann nicht reden, er wird nichts erklären – schon gar nicht in dringlichen Fällen den Weg zur Toilette. „Das ist übrigens die häufigste Frage." Die zweithäufigste? Ob das Münster evangelisch oder katholisch ist.

Zurück zum Automaten. Der kann weder predigen noch orgeln. Das sind die einzigen zwei Dinge, die Rita Solt auch nicht drauf hat. Oder: momentan noch nicht drauf hat. Denn was nicht ist, kann ja noch werden.

Ganze Busladungen an Touristen werden in den Sommermonaten an der Münsterpforte ausgekippt. Da heißt es für Rita Solt: Ruhe bewahren – auch dann, wenn die Fragen im Sekundentakt auf sie einprasseln.

Souvenirs, Souvenirs. ... und in der Kugel rieselt leise der Schnee ums Münster.

Kitsch as Kitsch can

Von Klassikern und anderem Krimskrams

Was erwarten Touristen von einem Ulm-Besuch? Nicht nur diesen schwindelerregenden Blick vom Münsterturm. Sie wollen Souvenirs. Mitbringsel. Nippes. Krimskrams. Oder wie der Schwabe sagt: Gruschd. Das Münster in allen erdenklichen Variationen. Auf Tassen und Vesperbrettchen, als Wein in Rot und Weiß, als Magnet für den Kühlschrank oder in Streichholzschachtelgröße. Als „Münster to go" sozusagen.

Kitsch as Kitsch can. Damit ist ordentlich Geld verdient. Die Besucherzahlen im Stadthaus-Shop sind hoch, wenn jeder eine Kleinigkeit einkauft, kommt eine ganz schöne Summe zusammen. Wolfgang Dieterich, Geschäftsführer der Ulm/Neu-Ulmer Touristik-GmbH, beziffert sie auf jährlich zwischen 100 000 und 150 000 Euro.

Ganz so viel ist es im Shop des Ulmer Münsters nicht, für den Pfarrerin Tabea Frey zuständig ist. Aber auch sie ist dem Kitsch durchaus zugetan, verschafft er der Kirchengemeinde doch einen „ganz wichtigen Beitrag", der nach Abzug der Kosten vollständig in die Münstersanierung fließt. Dabei ist ihr schon wichtig, dass der Verkaufsraum nicht im Kirchenraum selber liegt, sondern an der Pforte. Viele Besucher fragen nach Souvenirs und bekommen im Münster auch hochwertige Artikel. Unter anderem Innenaufnahmen aus dem Münster, die es nur an der Pforte zu kaufen gibt. Oder auch hochwertige Drucke, die schön aufgezogen sind. Und natürlich allerhand Krimskrams wie beispielsweise das Münster in der Schneekugel – den Klassiker, den größten Kitsch schlechthin.

Ein Stück Ulm vor schneebedeckter Bergkulisse: Magirus trug das Münster auch am Kühler der Diesel-Omnibusse hinaus in die weite Welt.

Alles Logo!
Werbewirksam: Das Wahrzeichen als Warenzeichen

Ein Logo soll prägnant und wiedererkennbar sein – insofern hat Magirus alles richtig gemacht. „Ein schlichtes Warenzeichen, das den Anfangsbuchstaben des Wortes Magirus in vollendeter Form in das Wahrzeichen Ulms, den Münsterturm mit seinen beiden Chortürmen, aufgehen lässt. Wir sind stolz auf dieses Zeichen." Sagte einst Magirus-Ingenieur Oskar Herterich über das Firmenzeichen, das rund um die Welt fährt: auf den Kühlern der Lkw. Wer das Logo entwickelt hat? Firmenchef Otto Magirus soll 1925 ein Preisausschreiben angeregt haben mit dem Ziel, ein neues Signet zu schaffen. Ein Herr Schäfer, von dem sonst nichts bekannt ist, hat sich beteiligt – mit durchschlagendem Erfolg. Ist Magirus auch längst an Fiat verkauft, geblieben ist das „Zentrum für Feuerwehrfahrzeuge" in Ulm – allerdings mit neuem Logo. Es zeigt das „M" mit zwei Spitzen. Was OB Ivo Gönner zu der etwas spitzen Bemerkung veranlasst: „Wir Ulmer haben auf einen Turm gesetzt, nicht wie die Kölner auf zwei."

Kein Preisausschreiben, sondern ein Aufruf über die Presse: So entstand nach der Fusion der Turn- und Sportgemeinde 1846 und des 1. Schwimm- und Sportverein 1928 das Logo für den SSV Ulm 1846, das die Fußballer werbewirksam auf der Brust trugen. In der Bundesliga aber nur für eine Saison. Auch andere setzen auf das Münster als Bildmarke: die „Innovationsregion Ulm", das Stadthaus, eine Immobilienfirma, ein Webradio und die Ulm/Neu-Ulmer Touristik GmbH, die eine Tasche mit Münster verkauft. Für 6,50 Euro.

Innovationsregion Ulm

stadthaus ulm

Spitzenmäßiger Auftritt der Innovationsregion Ulm: Das gotische Ausnahmebauwerk hat die Grafikerin Sylvia Hinderer zu diesem schlichten, einprägsamen Entwurf inspiriert.

Das Logo des SSV Ulm 1846 ist die gestalterisch reduzierte Version des Logos, das der Ulmer Fußballverein in den 1920er Jahren als Erkennungszeichen gewählt hatte.

Gotik trifft auf Postmoderne: Grafiker Volker Jonas hat für das Stadthaus-Logo das Münster in Kontext gesetzt und ist damit einer Idee des Stadthausarchitekten Richard Meier gefolgt.

Kühlerfigur Münster: Auf dem Magirus-Lkw „M 50" reckt das Münster seine Spitze doppelt hoch. Der Laster wurde häufig von Reichspost und Reichswehr als Transportmittel genutzt.

Das Münster in die Tasche stecken? Nicht möglich, aber en miniature, zusammen mit der stilisierten Donau vorne auf den Beutel gedruckt, ist es zu haben – bei der Ulm/Neu-Ulm Touristik.

Münster on tour

Schüler schicken Miniaturmodelle auf Reisen

Das Münster schwimmt, das Münster schwebt, das Münster hat 'nen Vogel: Schüler haben ihre Ideen sprießen lassen und das Ulmer Wahrzeichen en miniature in einen neuen Kontext gesetzt. Der Anstoß dazu war das Projekt „Das Münster geht auf Reisen", das Andrea Kreuzpointner (Conviva Kulturmarketing) ins Leben gerufen und in Zusammenarbeit mit Anne Käßbohrer (Lehrerin am Hans-und-Sophie-Scholl-Gymnasium) umgesetzt hat. Die phantasievollen Fotokunstwerke gingen ebenfalls auf Reisen: Sie wurden unter anderem bei der Handwerkskammer Ulm, in der Künstlergilde sowie in der Stadtbibliothek ausgestellt.

Eine Jury, in der hauptsächlich Schüler vertreten waren, wählte nach ausgiebigen Diskussionen fünf der eingereichten Arbeiten aus. Den prämierten Fotografien steht wiederum eine Weltreise in Aussicht: Sie werden – auf Postkarten gedruckt – in der Tourist-Info verkauft.

Die prämierten Entwürfe (von links im Uhrzeigersinn) stammen von Azad Yildiz, Alexander Hartig, Karina Weiler und Lisa Salah, Friederike Varel, Samira Koopmann und Hanna-Leah Wirth sowie Vanessa Schiffler und Irina Eisert.

Das Ulmer Münster ist nicht nur Hauptturm. Die Künstlergruppe „Bootschaft" spiegelt das Bauwerk mit ihrer Installation in vielen Facetten.

Kosmos aus Licht und Schatten

125 Blickwinkel, Ansichten und Einblicke

Aha-Erlebnisse, wunderliche Gefühlssituationen und irritierende Augenblicke – die Gruppe „Bootschaft" macht die Besucher im Turmraum des Münsters staunen mit ihrer filmischen Installation. Vier Wochen lang sind Felix Schmidtchen, Kathrin Guther, Marc Stussak und Patrick Kaczmarek – die Vier bilden die Neu-Ulmer Gruppe „Bootschaft" – gemeinsam mit der Schweizer Videokünstlerin Soleil du Midi sowie Florian Geiselhart und Jonas Vogt mit der Kamera im und am Münster unterwegs gewesen, um ungewöhnliche Ansichten der Kirche zu filmen.

Am Ende steht ein 13 Minuten langer Film, der in einer Endlosschleife auf Bildwände und Spiegelflächen projiziert wird. Bild-Kompositionen aus Stein und Licht, Mauerwerk, Skulpturen und Konsolen, Gesichter und Glocken, Fenster und Figuren lassen das Münster zu einem Kosmos aus Licht und Schatten werden. „125 Blickwinkel" lautet der Titel der Installation – es sind mehr, deutlich mehr. Der „Bootschaft" ist es gelungen, immer neue Ansichten und Einblicke zu ermöglichen – im Sinne des mährischen Philosophen und Theologen Johann Amos Comenius, der da fragte: „Wie lässt sich ein Ding, so groß es auch sein mag, als Ganzes sehen?"

Stoff, der Illusionen weckt: Gabriela Nasfeter bei der Arbeit an dem Textilbanner, das später über die Fußgängerzone gespannt wird und dem Betrachter den gedrungenen Turm vorgaukelt, wie er bis Mitte 1885 Bestand hatte.

Rückblick nach vorn

Kunstprojekt simuliert den Turm aus dem Jahr 1543

Gabriela Nasfeter wurde 1950 in Gdynia (Polen) geboren. Die studierte Künstlerin siedelte 1980 nach Deutschland über. Sie arbeitet seit 1975 freischaffend und belebt regelmäßig die Kunstszene ihrer Wahlheimat Ulm.

Am Computer Dinge entstehen zu lassen, die nicht real sind, das gehört zu unserer Alltagskultur. Die Künstlerin Gabriela Nasfeter schafft diese Illusionen jedoch pixellos und ohne aufwändige Programmierung. Und das alles auch nicht am Schreibtisch, sondern vor Ort.

Um Passanten vorzuführen, wie damals der kurze – auf Schwäbisch würde man sagen: „gschdombade" (gestauchte) Turm – ausgesehen hat, bediente sie sich haptisch erprobter Materialien: Ein schlichter Holzrahmen und eine Stoffbahn (Neudeutsch: Textilbanner) taten es auch. Die Zeitreise ins Jahr 1543 ist kurz und nicht beschwerlich: Man steigt in der Hirschstraße einfach ein paar hölzerne Stufen hinauf und guckt durch den großen Rahmen hindurch gen Osten. Die Stoffbahn mogelt in dieser Perspektive die real existierende Münsterspitze weg – und zack befindet man sich mitten im 16. Jahrhundert.

Schätze unterm Dach

Kunst und Kurioses in verborgenen Kammern der Kirche

Der Dachboden des Seitenschiffs beherbergt eine Werkstatt aus dem 19. Jahrhundert (rechts). In den Turmstuben lagern Modelle wie das Abbild des früheren Steinmetzen Huggele (oben rechts).

Das Münster ist nicht nur in Sachen Hauptturm XX-Large. Allein die Dachböden über den beiden Seitengewölben haben mit mehreren tausend Quadratmetern gewaltige Ausmaße. Sehr umgangssprachlich ausgedrückt: Statt eines alten Überseekoffers hätte leicht und locker ein stattliches Bodensee-Boot auf jedem Speicher über den beiden Seitenschiffen Platz.

Die Dimensionen sind beeindruckend. Und auch das, was da oben und in den Stuben der beiden Chortürme vor sich hindämmert, dürfte all das schlagen, was die Ulmer seit Generationen unter den Dachziegeln horten. Das Münster beherbergt in seiner „Belle Etage" eine faszinierende Mischung aus Kuriosem, Kunst und Mysteriösem. Über dem südlichen Seitenschiffgewölbe ist eine komplette Werkstatt installiert, in der allerdings niemand mehr zur Säge greift oder den Knüpfel schwingt. Der (Blei-)Ofen ist aus. Das jüngste „Exponat" dürfte eine Bügelflasche mit Bier sein, deren Haltbarkeitsdatum im Jahr 1986 abgelaufen ist. Ein Witzbold hat sie einfach neben dem Schraubstock auf der Arbeitsplatte drapiert. Was da oben los ist? Die ganzen Werkzeuge stammen aus dem 19. Jahrhundert, gehören zum Fundus der Münsterbauhütte.

Neben all den Figuren, die die Regale füllen, erklärt ein Modell (links), wie früher die Steine nach oben gezogen wurden. Zu sehen sind auch die Lostrommeln der Münsterlotterie.

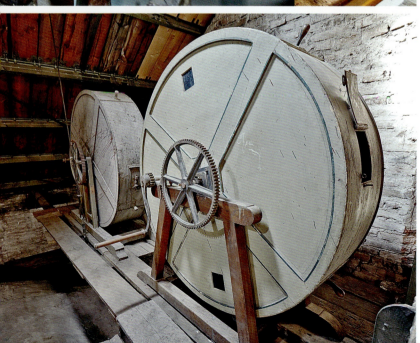

Auch die Geschichte der Baufinanzierung ist unter dem Dach präsent. Zwei riesige runde Holzbehälter mit Kurbeln erzählen davon, wie vom Jahr 1867 an Geld für die Umsetzung des ehrgeizigen Planes Hauptturmaufstockung gesammelt wurde: Es sind die hellgrün gestrichenen Original-Lostrommeln der Münsterlotterie, die nach Kölner Vorbild für Ulm gedreht wurden. Nicht nur die damaligen Gewinner hatten Glück. Mit der dadurch möglichen Aufstockung des Hauptturms haben die Ulmer und die nachfolgenden Genera-

tionen das große Los gezogen – zumindest, was das Repräsentieren anbelangt.

Bis vor etwa zwei Jahrzehnten residierten über dem südlichen Seitenschiff auch die Abgüsse und Modelle diverser Figuren, die das Münster schmücken. Neue Brandschutzbestimmungen haben ihren Umzug notwendig gemacht. Und so sind die Modelle seit der Jahrtausendwende nun im Nordturm, wo einmal die Bibliothek der Patrizierfamilien Neithardt und Schermar war.

Die beiden Chortürme stehen, was das Rampenlicht angeht, im Schatten des Hauptturms. Zu Unrecht, denn die beiden „kleinen" Türme sind mit ihren jeweils etwa 86 Metern Höhe für sich genommen stattlich und belegen im baden-württembergischen Kirchturm-Ranking die Plätze drei und vier – nach dem Ulmer Hauptturm und dem Turm des Freiburger Münsters. Zeitlich haben sie der Weltrekordspitze sogar einiges voraus: Der Südturm wurde im Jahr 1877, der Nordturm 1880 auf die Spitze getrieben.

Der spannende Inhalt der Chorturmkammern – alte jüdische Grabsteine, Figuren wie die des legendären Steinmetzen Huggele, der Abguss der Spitze vom Fischkastenbrunnen, das Modell einer Orgel oder mysteriöse Steinkugeln, die Kanonenkugeln sein könnten – ist nur den Besuchern von Spezialführungen bekannt. Wobei manches Geheimnis wohl kaum gelüftet wird. Wie auch die Namensgebung einer im Südturm gelegenen Kammer: Sie wird seit Generationen von den Ulmern „Tanzbödele" genannt.

Bilder einer Stadt

„Ich, Ulm": Die Piktogramme der Künstlerin Doris Graf

„Die Menschen werden sich in den Piktogrammen wiederfinden", sagt Doris Graf. Die gebürtige Krumbacherin hat in Nizza, London und Stuttgart studiert und Projekte in Mailand, New York, Berlin und Wien durchgezogen.

Zeichnungen über Zeichnungen über Zeichnungen – insgesamt 2400 hat die Fellbacher Künstlerin Doris Graf gesammelt: an Ulmer Schulen, in der Volkshochschule, an der Uni, in einem Behindertentreff. Überall ließ sie die Ulmer zeichnen, und zwar das, was sie mit ihrer Stadt verbindet. „Ich, Ulm" hieß denn auch der Titel des Projekts. Viel Landschaft, viel Fluss, viel Blau kamen dabei heraus. Bilder vom Münster, vom OB und von Keith Harings rotem Hund vor der Kunsthalle Weishaupt füllen Leitzordner. Dazu Nabada und Fischerstechen, Basketball und Baustellen und und und. All diese Assoziationen und Emotionen ließ die Künstlerin, die ähnliche Projekte schon in Rio de Janeiro, São Paulo, Stuttgart und Istanbul realisiert hat, in 32 Piktogramme einfließen. Und die drücken was genau aus? Die Essenz der Stadt – und deren Vielschichtigkeit. Im Idealfall, sagt Doris Graf, fügen sich die Symbole zu einem Gesamteindruck zusammen, unabhängig von der Sprache.

A tall story

A journey through the life of Ulm's Münster spire

The view from the Frauensteige onto Ulm. It is one of several city views by Johannes Hans, best known for the Schlumberger-Plan: the first detailed city map of Ulm.

When in 2015 the Ulmer Münsterturm – the Münster's spire – turned 125, the celebrations throughout the entire year proved one thing: The affection of the Ulmer people for 'their spire' is as great as the 161,53 metres the construction measures – if not greater. Every night throughout the anniversary year, carefully placed LED lamps illuminate the gothic structure from within. Joachim Fleischer, light artist from Stuttgart, calls it Münsterscanning, since the 23 lamps are moving along six tracks, their light beams slowly scanning each part of the structure.

It takes Dietmar Rudolf 2,5 months to produce a replacement finial in the Ulmer Münsterbauhütte – the workshop adjacent to the Münster. Modern computer-controlled cutters are no substitute for hammer and chisel, thus several stonemasons are employed to ensure that the tallest spire in the world retains its original looks.

The only way is up

It is difficult to imagine how many people and how many working hours were required to construct the entire cathedral back in the 14th Century. On top of the sheer manpower, it also took political will, money, knowledge and skill to start and to drive forward a project that the founding fathers would never live to see completed. Much as the mega-cities in China and on

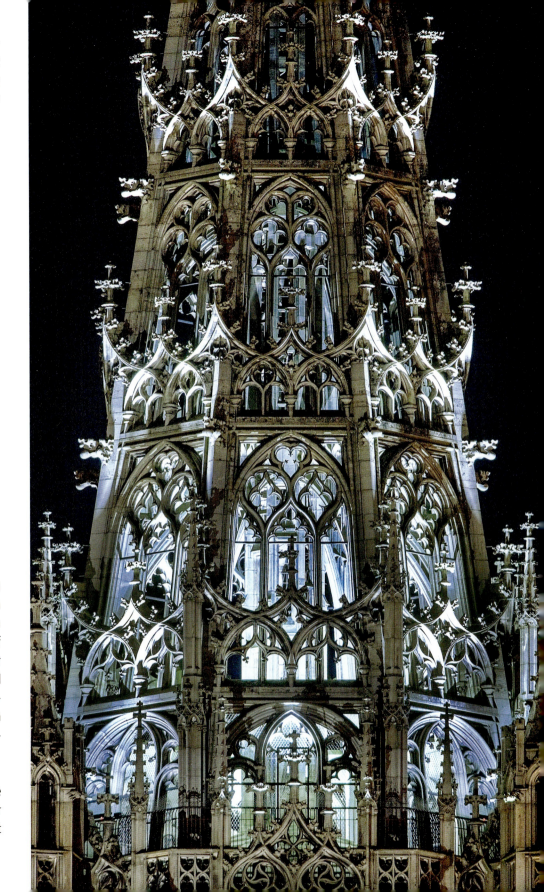

Münsterscanning: After dark, a brilliant light show of 23 slowly moving LED lamps brings the spire to life.

the Persian Gulf are reaching for the sky today, Ulm in 1377 was a flourishing city. The trade with barracan, a desirable textile, created a new prosperity and the town was proud to be engaging Heinrich Parler, member of an internationally renowned builder family, as master builder to the Ulmer Münster. His family was involved in the building of various cathedrals around Europe, namely Prague, Milan and Strasbourg. This combined with the movement of itinerant masons ensured the spreading of the required knowledge and skill.

On 28th July 1405, only 28 years after laying the foundations, the sanctuary was consecrated. Another 61 years later the bells were hung. Legend has it that

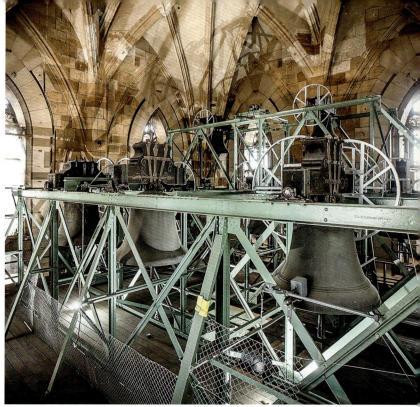

Constant renewal of the entire Münster: Stonemason Dietmar Rudolf (left) will never run out of work. The restoration of the belfry (right) was completed in 2009.

some of the mortar was made with wine instead of water, since the masons who had received the wine as a gift found it to be sour and undrinkable.

Reaching new heights

However, before the century was seen out, work on the Münster was to take a turn for the worse. In 1492, during a noon service, a number of building blocks came loose and tumbled through the roof. Matthäus Böblinger, master builder at the time, was forced to leave, Burkhard Engelberg took over. The times were changing, though. The discovery of America meant trade was drying up, and the Reformation as well as the Great Peasants' Revolt of the early 16th Century were slowing down work on the magnificent church.

During the 19th Century in the wake of the industrial revolution many medieval churches and spires were finally completed or restored. Thus, in 1844 the Münsterbauhütte workshop under the leadership of master builder Ferdinand Thrän and the brothers Thumb opened up again. This time, 78% of the money needed was raised through a lottery. The two giant lottery wheels are still to be found in the Münster's attic. Eventually, on the 31st of May 1890 the Münster pinnacle weighing 20 tons was hoisted to the top of the spire at 161,53 metres. The celebrations lasted two days and were attended by the king and queen of Württemberg.

Miraculously, the spire survived the Second World War almost unscathed. While the two major attacks on Ulm on 17th December 1944 and 1st March 1945, reduced

the rest of the town to ashes the spire still stood tall. The first church service held after the war on Christmas Eve 1950 ushered in a new era.

A square for the people

The German shot putt championships, car shows, pop concerts, a basketball game, the annual Christmas market and the fruit and vegetable stalls on Wednesdays and Saturdays – the Münsterplatz, the Münster square, has seen it all. Once a simple cathedral square it was turned into a parade ground under the Nazis and then into a car park in the mid-fifties. In 1985 it was decided to remove the parking facilities and from that point onwards the Münsterplatz could truly be considered a Bürgerplatz: a square for the people, a place to meet both on workdays and on special occasions - such as the birthday celebrations of the Münster spire.

On 29th and 30th May 2015, the „Klangfest@125", a musical collaboration of 400 musicians, six Ulmer choirs, the Ulm philharmonic orchestra, the Ulm philharmonic concert band, Jürgen Grözinger's percussion ensemble, trumpeter Joo Kraus and singer Fola Dada, was performed in front of a combined 4.000 people. The concert consisted of ten pieces chosen from the 125 years and finished just after dark with the Münster's own bells ringing in the finale. By this time, Florian Gumper, the spire's caretaker, would have already gone home. Prior to the Second World War, the caretaker or guard used to live 70 metres above the ground in the spire, ready to ring the alarm in case of fire or an attack on the city.

The Münster spire's birthday celebration – 400 Ulm musicians perform together at the Klangfest@125. Special guests included trumpet player Joo Kraus (above).

Divine intervention? The Münster survived the attacks during the Second World War almost unscathed. Left, the Münster in Lego. Below right, the bottle of Prosecco opened to celebrate the completion of the spire in 1890.

Today, the thirteen bells have only each other for company. Every quarter of an hour is announced by the Schlagglocke, a bell rung not by a clapper hung on the inside of the bell but by a mallet striking the bell from outside. On the hour, the Dominica then follows ringing the number of hours. The heaviest bell weighing nearly five tons is the Gloriosa. The Schwörglocke is rung only once a year on Schwörmontag as the mayor of Ulm promises to serve each and every citizen. The Schwörglocke is also the only bell still rung by hand.

Wildlife and art around the Münster

Neither flora nor fauna seem to be affected by the height or the sound of the bells. Willow and birch saplings, wall-rue, storksbill and white stone crop happily take root and need to be removed regularly. The mosses with their water-retaining properties and intrusive roots can be a particular danger to the stone. A large number of lichens, some of them rare in this region, also like to grow on the Münster rock. Ants, zebra spiders and moths have found their way up. Bats, jackdaws, common swifts, common kestrels and even beech martens hunting for pigeons have been spotted.

The Münster spire is not just the symbol of an aspiring city, a bell tower and home to local wildlife, it also serves as an inspiration to a whole range of artists from Ulm and beyond – most notably Mexican-born artist Rafael Lozano Hemmer. With 'Solar Equation' he created a model sun to be at the heart of the spire, hanging inside the building and responding to the presence and movement of people by displaying light patterns similar to those seen on the surface of the sun.

Oil paintings, pictograms, video-installations and models of the Münster in various sizes and made from various materials are testament to the enthusiasm for the tallest spire in the world – felt here in Ulm today and without a doubt every day for the next 125 years.

Abbildungsnachweis:

Fotos: Marc Hörger, Matthias Kessler, Volkmar Könneke, Oliver Schulz und Lars Schwerdtfeger (alle SÜDWEST PRESSE); Alexander Jennewein, Lea Kewitzsch, Diana Mühlberger und Nadja Wollinsky (alle Stadtarchiv Ulm); Historische Abbildungen und Fotos: Stadtarchiv Ulm und SWP-Archiv.
© akilrollerowan - fotolia.com (S. 56, Spinne), Reinhold Armbruster-Mayer (S. 42), Cornelius Bierer (S. 46, 47, 105), Dr. Julian Hanschke, KIT (3D-Animation, S. 17), Marcel Kern (S. 7), Christina Kirsch (S. 68), Kommunikationsbüro Schindler (Grafiken S. 28, 29), Münsterkantorei (S.43), Maria Müssig (S. 32, 34, 70), Ralf Schreiber (S. 56), © Rostislav Sedlacek - fotolia.com (S. 80, Weinrebe), visiocollect (S. 10)

Fotos mit freundlicher Unterstützung der Magirus GmbH (S. 22, 88, 89), die Zeichnungen von Adolf Silberberger (S. 70) stammen aus dem SWP-Archiv, Porträt von François Morellet (S. 71) mit freundlicher Genehmigung des Museum Ritter, Waldenbuch.

Alle Rechte vorbehalten. Das Werk einschließlich aller Inhalte ist urheberrechtlich geschützt. Dieses Buch oder Teile dieses Buches dürfen nicht ohne die schriftliche Genehmigung des Verlags vervielfältigt, in Datenbanken gespeichert oder in irgendeiner Form übertragen werden.

Herzlicher Dank an alle, die, in welcher Form auch immer, zu EINFACH SPITZE beigetragen haben.

Weitere Bücher der Edition SÜDWEST PRESSE:
- *Bildband Wiblingen*
- *Bildband Senden*
- *Bildband Blaubeuren*
- *Bildband Ulm*
- *Bildband Neu-Ulm*
- *Bildband Ehingen*
- *Bildband Friedrichsau*
- *Unterwegs – Skitouren*
- *Unterwegs – Lonetal*
- *Unterwegs – Höhlen der Schwäbischen Alb*
- *Unterwegs – Radtouren zwischen Alb, Donau und Iller*

www.swp.de/editionen